Méthode de français pour adolescents

1

Pourquoi pas !

Cahier d'exercices

M. Bosquet

M. Martinez Sallés

Y. Rennes

Editions Maison des Langues, Paris

Pourquoi pas !
Cahier d'exercices - Niveau 1

Auteurs
Michèle Bosquet, Matilde Martinez Sallès, Yolanda Rennes

Conseils pédagogiques
Agustín Garmendia, Neus Sans

Coordination éditoriale
Philippe Liria

Conception graphique et couverture
Enric Font

Mise en page
Enric Font, Juliette Rigaud

Illustrations
Ricard Aranda, Òscar Domènech, Christoph Kirsch, Victor Rivas

Correction
Jean Petrissans

Remerciements
Nous tenons à remercier toutes les personnes qui ont contribué par leurs conseils et leur révision à la réalisation de ce manuel, notamment Marie-Laure Lions-Oliviéri et Leyla Salim.
Nous remercions également pour sa collaboration Pablo Calderón (UNICEF).

Enregistrements
Coordination : Mireille Bloyet
Voix : Margot Amram, Mireille Bloyet, Barbara Ceruti, Katia Coppola, Anaïs Duval, Clément Duval, Axel Galpy, Emmanuel Godard, Philippe Liria, Lucas Martinez, Martine Meunier, Christian Renaud, Jean-Paul Sigé, Maelliz Valette, Samantha Vizcaíno
Studio : CYO Studios

Crédits (photographies, images et textes)
Couverture Franck Iren, Renée Gay/Fotolia, Enric Font, Frank Kalero, Jacek Chabraszewski/Fotolia **Unité 1** p. 5 García Ortega ; p. 6 Marc Javierre ; p. 7 Olga Shelego/Fotolia ; p. 8 Ramon Cami/Fotolia ; p. 10 Pasq/Fotolia, Sébastien Goetschmann/Fotolia ; p. 14 Frank Kalero ; p. 15 Prestong/Dreamstime, García Ortega ; p. 16 García Ortega **Unité 2** p. 17 Marcopolo ; p. 18 Pol Wagner ; p. 20 Graça Victoria/Fotolia (Urne), Andres Rodriguez/Fotolia(Londres), 3dpixs.com/Fotolia (électronique), Lev Olkha/Fotolia (peinture), Marco Forante/Fotolia (compas), Piccaya/Fotolia (Pyramide), Take a pix media/Fotolia (flûte), Tamer Yazici/Fotolia (planisphère), Enric Font (tour Eiffel) ; p. 24 Cynoclub/Fotolia (Sport d'hiver) ; p. 26 Michèle Bosquet (Lycée Albertville / Vallée du Beaufort, Mont-Blanc) **Unité 3** p. 29 René Gay/Fotolia ; p. 39 Centre Belge de la BD ; p. 40 image*after (œil, oreille, bouche, nez, main), García Ortega (mains) **Unité 4** p. 41 Office du Tourisme et des Congrès de Nice ; p. 43 Robert Lerich/Fotolia ; p. 45 Office du Tourisme et des Congrès de Nice ; p. 48 Marc Javierre ; p. 49 E. Font ; p. 50 Jean Scheijen/sxc.hu (livres), image*after (fleurs), E. Font (labyrinthe) ; p. 51 Unicef ; p. 52 Frank Kalero **Unité 5** p. 53 G. Duris/Fotolia ; p. 54 Barbara Ceruti, Marcopolo ; p. 55 Vladimir Simenko/Fotolia ; p. 57 image*after, Michèle Bosquet ; p. 58 Michel Rozanski/Fotolia, Tina Rencelj/Fotolia ; p. 61 E. Font (ciel) ; p. 63 Je bouquine, Okapi (Bayard Presse) ; p. 64 Frank Kalero **Unité 6** p. 65 Marcopolo ; p. 66 V.Rumi/Fotolia, Éric Isselé/Fotolia, E. Font, Rui Vale de Sousa/Dreamstime ; p. 68 Enric Font, M. Javierre, Philippe Liria ; p. 69 Marc Javierre ; p. 70 Jo Malevé (Thuin, Belgique) ; p. 71 Marc Javierre, Carina Fuller/Dreamstime p. 72 Marc Javierre, Darko Novakovitch/Dreamstime, Ewen Cameron/Dreamstime, Nicolas Gavin/Dreamstime ; p. 73 Frank Kalero ; p. 75 Hady Hobeich/Fotolia, Rodrigo Roy Boncato/Fotolia ; p. 76 García Ortega, Frank Kalero.

Réimpression : juillet 2011

ISBN édition internationale 978-84-8443-501-3
ISBN édition espagnole 978-84-236-6971-4
Dépôt légal B-8998-2011

Imprimé dans l'UE

www.emdl.fr

Chère élève / Cher élève,

Bienvenue dans le monde du français !

Ce cahier est le vôtre. Vous l'utiliserez pour votre travail individuel à la maison. Le Livre de l'élève vous permet de travailler en classe avec vos camarades et votre professeur. Maintenant, avec ce cahier, vous êtes toute seul(e) face à la langue. Pourquoi ? Parce qu'apprendre une langue, c'est aussi un processus individuel. Apprendre une langue, c'est comme faire du sport : chacun(e) à ses propres capacités et a besoin d'un rythme et d'un temps d'entraînement personnel pour apprendre.

Ce **Cahier d'exercices** de **Pourquoi pas ! 1** comprend six unités qui correspondent chacune à celle du Livre de l'élève (les activités associées à l'unité 0 se trouvent dans l'unité 1). Chaque unité comprend les parties suivantes :

Page de garde : vous pourrez la compléter à votre goût selon les contenus de l'unité en dessinant, en écrivant, en collant des photos…

Activités : vous trouverez des exercices qui complètent ceux du Livre de l'élève. Vous devrez utiliser le CD qui accompagne ce cahier pour réaliser certains exercices de compréhension orale.

La grammaire, c'est facile ! Sur une page, vous trouverez des activités qui reprennent les points principaux de grammaire vus dans l'unité.

Mot à mot : cette rubrique permet de reprendre et de personnaliser le travail sur le vocabulaire de l'unité, de créer votre propre petit dictionnaire et d'établir des parallélismes avec votre langue et les langues que vous connaissez.

Connecte-toi ! Vous trouverez des activités pour vous habituer à utiliser Internet en français.

Mon portfolio : cette rubrique vous permet de poser un regard sur votre apprentissage.

Ce **Cahier d'exercices** contient également à la fin les transcriptions des enregistrements des activités audio de chacune des unités.

Nous vous souhaitons un agréable voyage en français.

Les auteurs

Sommaire

UNITÉ 1

Bonjour, moi c'est Antoine

Colle, dessine, écris... tout ce que tu veux. Cette page est pour toi !

1   **A.** Écoute les dialogues et indique s'ils sont en français ou dans une autre langue.

Pistes 1-2

a)

Dialogue	français	autre langue
1	☐	☐
2	☐	☐
3	☐	☐

b)

Dialogue	français	autre langue
1	☐	☐
2	☐	☐
3	☐	☐

B. Tu reconnais d'autres langues ? Lesquelles ?

_____

_____

2   Écoute et écris les mots épelés puis indique à quel dessin ils correspondent.

Piste 3

1- c h a i s e

2- _ _ _ _ _ _ _ _ _

3- _ _ _ _ _ _ _

4- _ _ _ _ _

5- _ _ _ _ _

6- _ _ _ _ _ _

3   **A.** Classe les mots dans le tableau selon le son qu'ils contiennent (ce son est indiqué en bleu).

Piste 4

jour   à bientôt   soir   trousse
groupe   moi   tableau   trois   vous
croissant   mot   nous   chocolat
stylo   sac à dos   toi
toilettes   loup
restaurant

B. Écoute pour vérifier que tu as bien classé ces mots.

C. Cherche dans les unités 0 et 1 d'autres mots avec ces sons et complète le tableau.

[wa]	[o]	[u]
soir	bientôt	trousse

Activités

4 **A.** Complète les fiches selon le modèle. Colle ou dessine une image en rapport avec chaque pays.

Pays : __L' Allemagne__
Capitale : __Berlin__
Langue : __l'allemand__
Nationalité : __allemand, allemande__
Mots et/ou personnes célèbres:
__Schumacher, Danke__

Drapeau :

Pays : _____
Capitale : __Paris__
Langue : _____
Nationalité : _____
Mots et/ou personnes célèbres:
_____

Drapeau :

Pays : _____
Capitale : _____
Langue : __grec__
Nationalité : _____
Mots et/ou personnes célèbres:
_____

Drapeau :

B. Utilise cette fiche pour le pays de ton choix.

Pays : _____
Capitale : _____
Langue : _____
Nationalité : _____
Mots et/ou personnes célèbres:
_____

Drapeau :

5 Masculin ou féminin ? Écoute et coche la bonne réponse.

Piste 5

MASCULIN	FÉMININ
☐ français	☐ française
☐ belge	☐ belge
☐ allemand	☐ allemande
☐ anglais	☐ anglaise
☐ polonais	☐ polonaise

MASCULIN	FÉMININ
☐ grec	☐ grecque
☐ portugais	☐ portugaise
☐ italien	☐ italienne
☐ irlandais	☐ irlandaise
☐ suisse	☐ suisse

6 Observe les terminaisons et complète le tableau avec le masculin ou le féminin.

PAYS	MASCULIN	FÉMININ
France	français	française
Italie	italien	italienne
Suisse	suisse	suisse
Espagne	espagnol	_____
Allemagne	_____	allemande
Canada	canadien	_____
Irlande	_____	irlandaise
Mexique	mexicain	_____
Danemark	danois	_____

« J'ai ou je suis, c'est la question »

7 **A.** Être ou avoir ? Entoure le verbe qui convient.

1. Mon âge ? **J'ai / Je suis** 14 ans.
2. Nous, **nous avons / nous sommes** de Milan.
3. Dis-moi Pierre, **tu as / tu es** né à Lyon ?
4. Marine **a / est** française.
5. **Vous avez / Vous êtes** dans un collège bilingue.
6. **Tu n'as pas / Tu n'es pas** de frère ?
7. Laura **a / est** des amis à Nantes.
8. Ces mots **ont / sont** difficiles.

B. Écris une phrase de ton choix avec « être » et une autre avec « avoir ».

_____

_____

8 Relis les trois textes de l'activité 6 de ton livre (p.27) et indique si les affirmations suivantes sont vraies, fausses ou si on ne sait pas.

	vrai	faux	on ne sait pas
Hugo est le frère d'Hélène.	☐	☐	☐
Hugo et Héloïse ont le même âge.	☐	☐	☐
Harmonie est la sœur de Himalaya.	☐	☐	☐
Emma est la sœur de Lucas et de Maxime.	☐	☐	☐
Chatouille est la sœur de Chocolat.	☐	☐	☐
Chatouille et Chantilly sont les chats de Maxime et de Lucas.	☐	☐	☐
Alexandra et Jaime sont allemands.	☐	☐	☐
Dorémi est le chat de Jaime.	☐	☐	☐
Sidoré est le chat de Tina.	☐	☐	☐

9 Complète les cases de la grille de Sudoku avec les chiffres de 1 à 9. Tu ne peux pas écrire deux fois le même chiffre sur une ligne, dans un carré ou une colonne.

SUDOKU Niveau facile

		neuf	six		trois	huit		
six	trois			huit			sept	quatre
huit								neuf
	deux			six			cinq	
	quatre	cinq	deux	trois	sept	six	un	
	sept			cinq			neuf	
sept								deux
cinq	huit			deux			trois	six
		quatre	trois		cinq	sept		

10 **A.** Écoute et entoure les nombres que tu entends.

0 1 2 3 4 5 6 7 8 9 10 11 12 13 14 15 16 17 18 19 20

B. Écris en lettres les nombres non prononcés.

Piste 6

_____   _____

_____   _____

_____   _____

_____

11 Écris en lettres les nombres pour compléter les opérations.

douze + sept = _____

_____ − cinq = huit

six + _____ = neuf

seize − _____ = quatre

12 **A.** Traduis les phrases suivantes dans ta langue.

C'est un Français, il s'appelle Thierry Mercier. Il parle français, anglais et espagnol.

_____

La France est en Europe.

_____

Le chocolat suisse est excellent.

_____

B. Observe les phrases précédentes et coche la bonne réponse.

En français, on écrit la première lettre en	MAJUSCULE	minuscule
Les noms de lieux (ville, pays, région) :	☐	☐
Les adjectifs de nationalités :	☐	☐
Les noms de nationalités :	☐	☐
Les noms de famille et les prénoms :	☐	☐
Les noms communs :	☐	☐
Les noms de langue :	☐	☐

C. Est-ce que tu observes des différences entre l'utilisation des majuscules / minuscules entre le français et ta langue ? Lesquelles ? (Tu peux répondre dans ta langue.)

_____

13 Bingo ! Quelle est la grille gagnante ? Pour le savoir, coche les nombres que tu entends sur les trois grilles.

Piste 7

61	78	87	95
66	82	89	97
74	86	91	99

61	76	86	93
64	78	87	95
74	82	91	99

64	76	86	91
66	77	87	96
74	82	89	97

14 Complète avec les questions suivantes.

Tu parles espagnol ?   Et toi ?

Quel âge tu as?   ça va ?

Où est-ce que tu habites ?

Comment tu t'appelles ?   Et toi ?

○ _____ ?

● Non, mais je parle italien.

● _____ ?

○ À Bruges, en Belgique.

● _____ ?

○ 14 ans.

● Bonjour ! _____ ?

○ Benoit. _____ ?

● Moi c'est Isa.

● Salut, _____ ?

○ Ça va ! _____ ?

15 **A.** Observe cette famille puis complète les bulles avec des phrases négatives, comme dans l'exemple.

Je n´ai pas...
_____
J´ai une fille et un garçon.

Je ne suis pas française.

Je n'ai pas ...
_____
J'ai onze ans.

Je...
_____

Je...
_____

Je...
_____

Je...
_____

Je....
_____

Je ne parle pas allemand. Je ne suis pas ...
_____

ROUSSEAU

JEANNETTE BOULANGER

JEAN BOULANGER   NOELIA MATA   ERIC BOULANGER   BRIGITTE BOULANGER   OSCAR MATA   VOLTAIRE   ROSA MATA

B. Maintenant, écris le nom de cinq personnes que tu connais (amis, familles, professeurs, camarades de classe) et fais-leur dire une phrase négative.

_____   Je ne/ n' ..._____

_____   _____

_____   _____

_____   _____

_____   _____

1 | Activités

16 **A.** Décode les messages et écris ce qu'ils disent.

Bonjour ! . ⬚ Ben. ▲ 🇫🇷 . ⬛ ▶ . ⊙ ▶ . ▣ 41 .

Je m'appelle Ben. Je suis français.

_____

Salut ! Ça va ?. ⬚ Konstantina. ⊙ 🇬🇷 . ▣ 31 .

_____

Bonjour ⬚ Karl. ▣ 41 . ▲ 🇩🇪 . ⊙ 🇬🇷 .

_____

B. À toi ! Écris un texte sur toi. Transforme-le ensuite en message codé.

Colle ta photo

La grammaire, c'est facile !

1 **A.** Complète le tableau.

	je/j'	tu	il/elle	nous	vous	ils/elles
être	**suis**					**sont**
avoir			**a**		**avez**	

B. Colorie les terminaisons des verbes avec des couleurs différentes.

	je/j'	tu	il/elle	nous	vous	ils/elles
parler	**parle**					
habiter			**habite**			
étudier						**étudient**

2 Colle ta photo et écris six phrases avec les verbes du tableau.

1 _____
_____

2 _____
_____

3 _____
_____

4 _____
_____

5 _____
_____

6 _____
_____

1 Mot à mot

1 **A.** Cherche ces mots dans ton dictionnaire puis écris l'article **le** si le mot est masculin et **la** s'il est féminin.

_la_ question (f)   _____ nationalité   _____ pays   _____ mot

_____ classe   _____ groupe   _____ animal   _____ ville

_____ nombre   _____ conversation   _____ photo   _____ adresse

B. Compare avec ta langue.

Combien de genres il y a en français ? Et dans ta langue ? Les mots masculins dans ta langue sont masculins en français ? Et les féminins ?

_____

_____

_____

C. Cherche dans les unités 0 et 1 de ton livre des mots masculins et féminins pour compléter le tableau.

Masculin			Féminin		
Un groupe	....	....	_Une photo_	....	....
....	....	....	....	....	....

2 Tu connais déjà beaucoup de mots en français ! Quels sont les quatre mots que tu préfères ?

3 Comment tu mémorises les mots nouveaux ?

	oui	non
Je les écris plusieurs fois dans mon cahier.............	☐	☐
Les lire une seule fois me suffit.	☐	☐
Je dessine ce qu'ils représentent...........................	☐	☐
Je les répète plusieurs fois dans ma tête.	☐	☐
Je me souviens du moment où je les ai appris.........	☐	☐

Autre : _____

1 Consulte à partir d'un moteur de recherche, le site de l'office de tourisme de Collioure et remplis le tableau.

Office de tourisme	
Adresse :	
Téléphone :	
Courriel :	
Site Internet :	
Télécopie :	

2 **A.** Remplis ce tableau avec tes coordonnées personnelles.

Mon courriel :	
Mon site Internet :	
Mon blog :	

B. Quelles sont les sites Internet que tu consultes le plus ?

_____

_____

3 **A.** Voici un texto. Déchiffre ce SMS et écris le message en français standard.

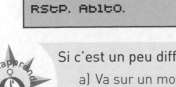

SLtcav ? Msava.
Jt'M bcp et toi ?
RStp. Ab1to.

Si c'est un peu difficile, suis les conseils suivants :

a) Va sur un moteur de recherche.
b) Écris maintenant : dictionnaire sms et clique sur _Rechercher_.
c) Tu trouveras des adresses de sites de dictionnaires SMS. Clique sur l'une d'entre elles.

C. À toi maintenant d'écrire un texto.

1 Alice parle beaucoup de langues, mais pas toutes
aussi bien. Et toi, combien de langues tu parles ?
Tu peux écrire un texte comme celui d'Alice sur les
langues que tu connais ?

Alice est suisse et elle parle
français avec sa famille. Sa grand-
mère est allemande et elle
habite en Allemagne. Alice parle
allemand avec elle. À l'école,
elle étudie l'anglais et
l'espagnol. Elle parle
un peu italien pendant
ses vacances en
Italie.

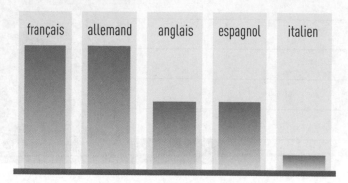

français   allemand   anglais   espagnol   italien

_____
_____
_____
_____
_____
_____
_____
_____

2 Dessine le graphique des langues que tu parles et colorie les
colonnes avec des couleurs différentes.

Colle, dessine, écris... tout ce que tu veux. Cette page est pour toi !

1 **A.** Remets les lettres dans l'ordre pour retrouver les mots, puis écris-les sous les dessins qui conviennent.

r a c o r é t é n i
r é c r é a t i o n

g o c e l e l

l i f e l

n i c e n a t

s n e y m g a

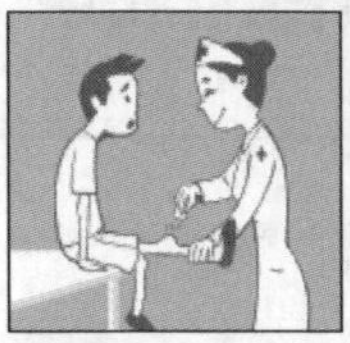

i m i r n e f e r

e b r a t a i r o l o

s i n e p i c

v i r l e

g r o n ç a

t a d o r i r e n u

t i b è l h o b e q u i

B. Écris les mots dans l'ordre alphabétique avec l'article qui convient (un / une).

1. _____ 4. _____ 7. _____ 10. _____
2. _____ 5. _____ 8. _____ 11. _____
3. _____ 6. _____ 9. _____ 12. _____

2 **A.** Complète le dialogue avec les possessifs *mon, ma, mes*.

_____ école est super ! C'est une école de cirque très moderne. _____ professeurs sont très sympas et _____ matière préférée est l'acrobatie ! _____ amis sont canadiens, français et américains.

B. Présente l'école de John.

Son école... _____
_____
_____
_____

3 À toi ! Présente ton collège. Tu peux parler de tes camarades, de tes matières, etc.

> Mon école...

Colle une photo de ton collège, de tes amis...

4 **Les points communs et les différences.**

Compare les deux dessins.

Écris quatre phrases avec *il y a* comme dans l'exemple.

Dans la salle 18, il y a deux ordinateurs.

Écris huit phrases avec *il n'y a pas de* comme dans l'exemple.

Dans la salle 25, il n'y a pas d'ordinateur.

5 **A.** Recolle les papiers et retrouve le nom de 9 matières. Écris-les sur les étiquettes des livres.

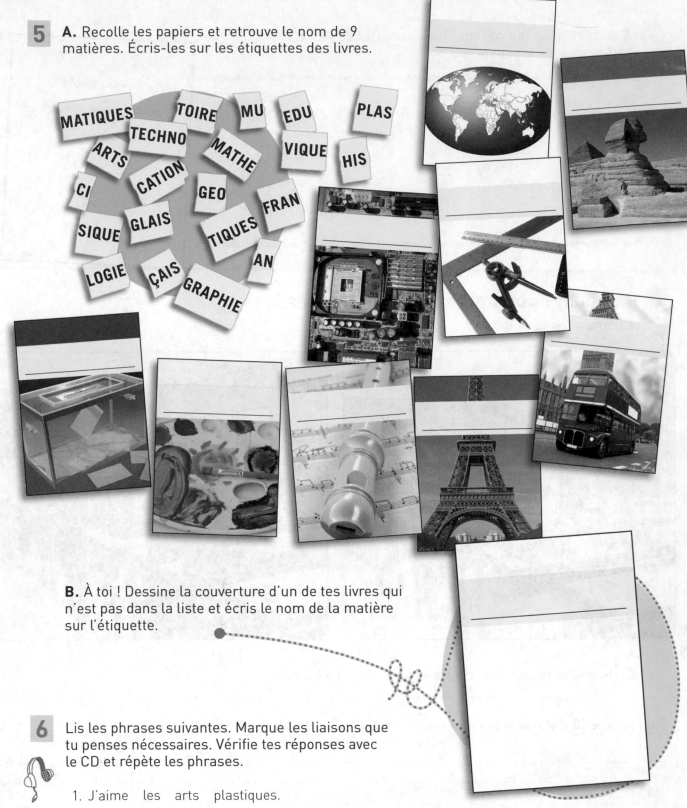

B. À toi ! Dessine la couverture d'un de tes livres qui n'est pas dans la liste et écris le nom de la matière sur l'étiquette.

6 Lis les phrases suivantes. Marque les liaisons que tu penses nécessaires. Vérifie tes réponses avec le CD et répète les phrases.

Piste 8

1. J'aime les arts plastiques.
2. Elles ont trois ans.
3. Ils écoutent les élèves.
4. Vous avez l'heure ?
5. Il y a des ordinateurs dans la classe.
6. Les amis de Coralie sont suisses.
7. Je n'aime pas les interros.
8. Nous avons musique le mercredi matin.

7 Quelles matières aiment ou n'aiment pas Léopoldine et ses amis ?

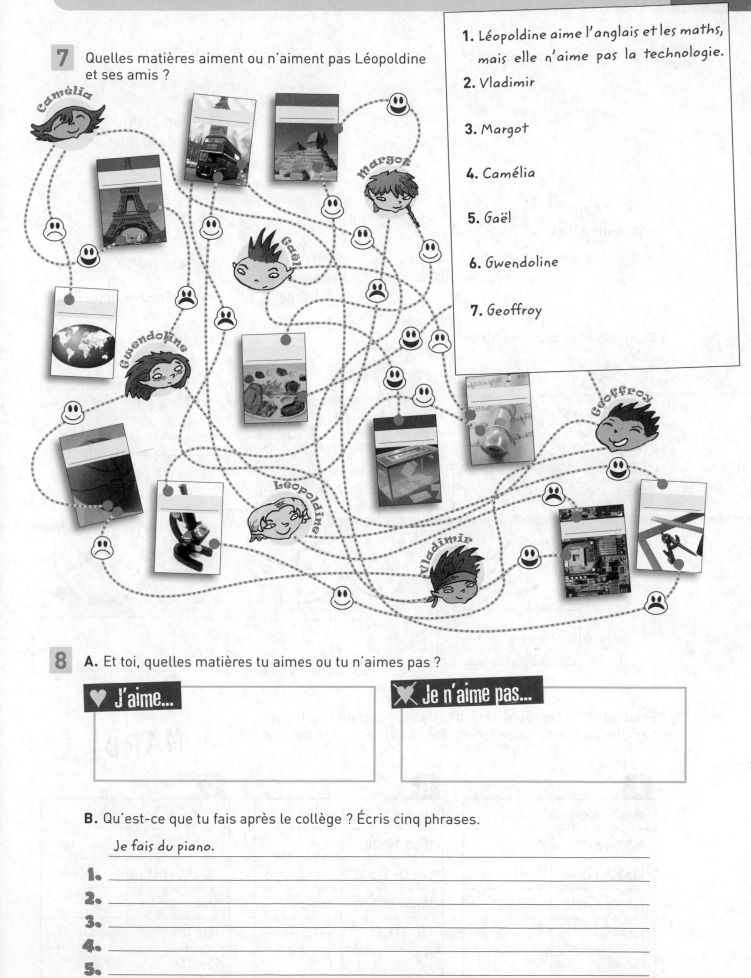

1. Léopoldine aime l'anglais et les maths, mais elle n'aime pas la technologie.

2. Vladimir

3. Margot

4. Camélia

5. Gaël

6. Gwendoline

7. Geoffroy

8 **A.** Et toi, quelles matières tu aimes ou tu n'aimes pas ?

♥ J'aime...

✗ Je n'aime pas...

B. Qu'est-ce que tu fais après le collège ? Écris cinq phrases.

Je fais du piano.

1. _____

2. _____

3. _____

4. _____

5. _____

2 Activités

9 **A.** Dessine les aiguilles des pendules.

minuit moins
vingt-cinq

huit heures
moins le quart

vingt-deux heures

neuf heures
et quart

treize heures
trente

cinq heures dix

B. Écris les heures en lettres.

10 Écoute M. Frézat, professeur d'histoire, dicter une partie de
l'emploi du temps à ses élèves. Coche l'emploi du temps correct.

Piste 9

MARDI

A

8h 30 – 9h30	maths
9h30–10h30	français
10h30– 11h30	géographie
11h30– 12h30	anglais
14h–15h	technologie
15h–16h	SVT

B

8h 30 – 9h30	maths
9h30–10h30	français
10h30– 11h30	technologie
11h30– 12h30	anglais
14h–15h	géographie
15h–16h	EPS

C

8h 30 – 9h30	maths
9h30–10h30	maths
10h30– 11h30	technologie
11h30– 12h30	anglais
14h–15h	histoire
15h–16h	EPS

11 Si le 1er septembre est un mardi, quel jour de la semaine est le 5 ? le 8 ? le 13 ?

le 5 = _____   le 8 = _____   le 13 = _____

12 Complète avec les mots proposés.

60 secondes = _____

60 minutes = _____

24 heures = _____

7 jours = _____

samedi + dimanche = _____

une semaine
une heure
une minute
un week-end
un jour

13 Remplace les dessins par des mots pour compléter le texte.

Je m'appelle Marc et j'ai [gâteau] _____ ans. Je suis en 6e au [collège] _____ Antoine de Saint Exupéry. J'aime bien mon collège, j'ai beaucoup d'amis et mes [professeurs] _____ sont sympas. Mes matières préférées sont l'_____ et la [musique] _____. Je n'aime pas la [géographie] _____.

Je commence les cours à 8 h 00 tous les jours et je termine à [horloge] _____ le lundi, mardi, jeudi et vendredi et à [horloge] _____ le mercredi.

Dans mon collège, il y a un [terrain de basket] _____ et un [laboratoire] _____ mais nous n'avons pas de [piscine] _____.

14 Complète les phrases à partir des éléments du tableau.

fais	d'anglais ?
faites	de la technologie ?
ne font pas	de la musique.
faisons	du français trois heures par semaine.
fait	du sport le mardi et le jeudi de 9 h à 10 h.

1. Nous _____.

2. Claire _____.

3. Sarah et Musta _____.

4. Tu _____.

5. Vous _____.

6. Je _____.

15

A. Un texte long n'est pas obligatoirement un texte difficile. Si tu l'abordes avec méthode et calme, tu verras que tu peux comprendre l'essentiel du contenu sans connaître tous les mots.

D'abord, lis le texte et souligne les mots et les phrases que tu comprends. Si nécessaire, relis-le pour améliorer ta compréhension.

Bonjour, je m'appelle Stéphane Lalou et j'étudie au collège Pierre de Coubertin à Font-Romeu*. Ma famille habite au Maroc, alors moi, j'habite au collège. C'est difficile, mais j'ai beaucoup d'amis ici, alors ça va.
Je suis dans la section ski. Nous avons 20 heures de sport et 30 heures de cours par semaine et, le week-end, nous faisons des compétitions. C'est très fatigant mais j'aime beaucoup le sport.

Voici comment se passe une journée normale.
Le matin, je commence ma journée à sept heures avec un bon petit-déjeuner. J'ai cours de 8 h à 16 h 30. De 17 h à 19h, j'ai entraînement. À 19 h, je suis très fatigué, je me douche puis je dîne à la cantine. Ensuite, je fais mes devoirs et à 21 h, bonne nuit !
C'est difficile d'être bon en sport et à l'école mais mes professeurs sont très sympathiques et m'aident beaucoup.

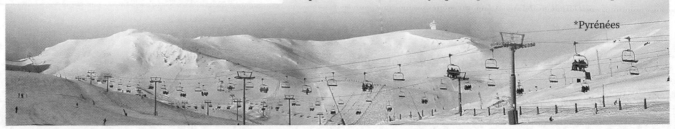

*Pyrénées

Explique ce que tu as compris dans ta langue.

_____
_____
_____
_____

Entoure les mots que tu ne comprends pas et écris-les ci-dessous.

_____
_____
_____
_____

Ces mots ressemblent à d'autres de ta langue ou d'autres langues que tu connais ? Tu peux faire des hypothèses sur leur sens ? Tes hypothèses t'aident à mieux comprendre le texte ? Maintenant tu peux vérifier le sens des mots avec ton dictionnaire.
Tes hypothèses étaient justes ?

B. Réponds aux questions dans ta langue.
Tu aimerais être dans un collège comme celui-ci ? Pourquoi ?
Quelles questions tu aimerais poser à Stéphane ?

C. Place Font-Romeu sur ta carte de France.

1 Singulier ou pluriel ?

Classe les mots dans le ballon qui convient.

un tableau   les chiens

le sac à dos   la bibliothèque

ses crayons   des programmes   un pays

mon stylo   ta trousse   des classeurs   la table

mes frères   des problèmes

une adresse   des langues   les chaises

SINGULIER

PLURIEL

2 Remplis les ballons avec la forme qui convient (singulier ou pluriel).

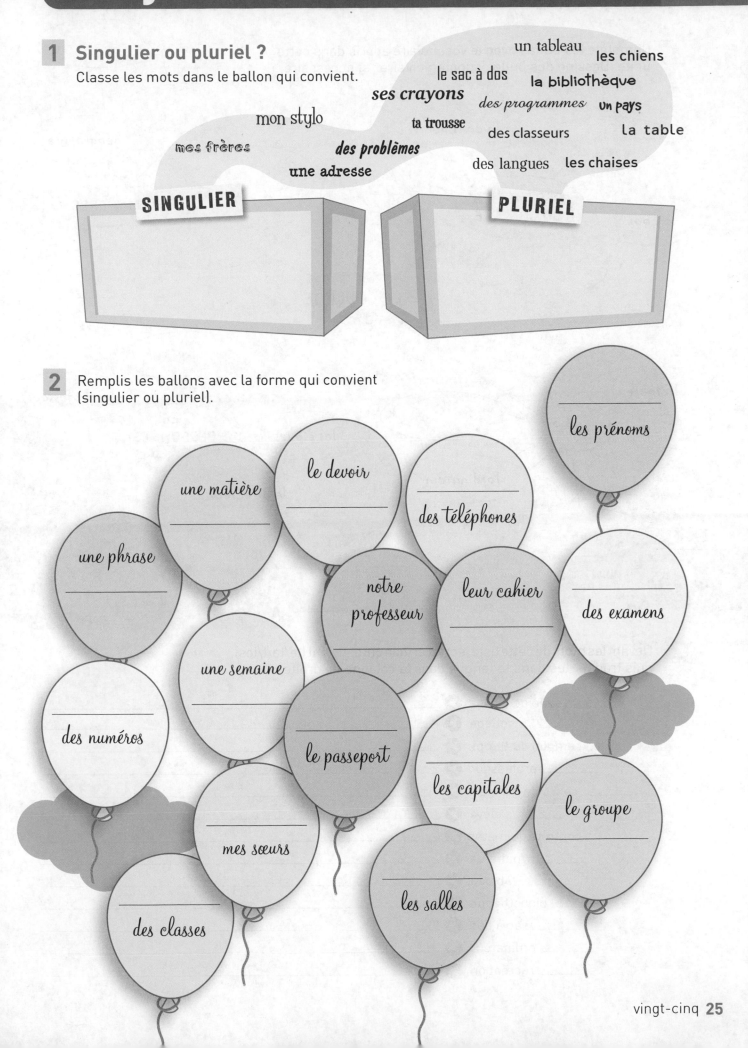

les prénoms _____

une matière _____

le devoir _____

des téléphones _____

une phrase _____

notre professeur _____

leur cahier _____

_____ des examens

une semaine _____

_____ des numéros

_____ le passeport

_____ les capitales

le groupe _____

_____ mes sœurs

_____ les salles

_____ des classes

1 Complète les bulles avec le vocabulaire appris dans cette unité. Dessine des bulles supplémentaires si nécessaire.

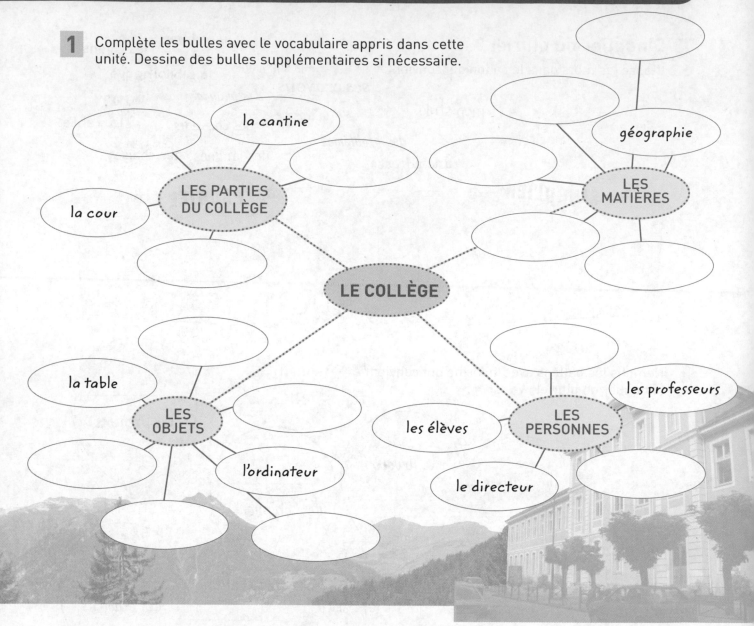

2 Devant les mots de cette liste, écris l'article qui convient (le/la/l'/les), puis traduis-les dans ta langue dans la colonne de droite.

_____ salle de classe ❯ _____

_____ collège ❯ _____

_____ emploi du temps ❯ _____

_____ professeur ❯ _____

_____ cours de français ❯ _____

_____ élève ❯ _____

_____ contrôle de maths ❯ _____

_____ matières ❯ _____

_____ tableau ❯ _____

_____ bibliothèque ❯ _____

_____ sac à dos ❯ _____

_____ ordinateur ❯ _____

_____ récréation ❯ _____

Connecte-toi !

1 Consulte les sites suivants sur Internet et
mets-les en rapport avec leur contenu.

http://www.tv5.org/TV5Site/football/accueil.php

http://www.momes.net/BD/A.html

http://www.momes.net/television/index.html

http://www.momes.net/Cinema/index.html

http://www.momes.net/jeux/default.html

http://www.momes.net/amis/index.html

http://www.momes.net/musique/index.html

http://www.tv5.org/TV5Site/meteo/meteo_internationale.php

Informations sur les
nouveaux films

Jeux en ligne

Pour trouver des correspondants

Musique à écouter et informations
sur tes artistes préférés

Météo dans le monde entier

Match de football en direct

Informations sur tes BD préférées

Informations sur les séries
télévisées en France

2 Consulte ces trois sites et explique dans ta langue quel est
celui que tu préfères.

sites	notes	vote
http://www.kidadoweb.com/		☆☆☆☆☆
http://www.momes.net/		☆☆☆☆☆
http://www.tv5.org/		☆☆☆☆☆

J'aime le site _____ parce que _____

_____

3 Connais-tu un site intéressant pour tes cours de français ?
Lequel ?
Écris son adresse et recommande-le dans ta langue à un ami.

Adresse : _____

Recommandation : _____

_____

_____

_____

1 Réponds en marquant une croix.
Si tu réponds OUI, précise dans OBSERVATIONS les langues,
les cultures, les nationalités, etc.

	Oui	Non	Observations
Mes parents ont une nationalité différente de la mienne.			
J'ai de la famille d'une autre nationalité.			
J'ai de la famille qui vit dans un autre pays.			
J'ai des amis qui vivent dans d'autres pays.			
Je peux reconnaître d'autres alphabets.			
Je connais des chansons d'autres pays.			
Je regarde la télévision d'autres pays.			
Je connais d'autres pays.			

2 Écris et colorie les mots que tu aimes le plus en français
ou dans d'autres langues.

UNITÉ 3 Moi, je suis comme ça !

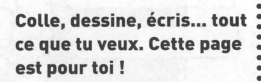

Colle, dessine, écris... tout ce que tu veux. Cette page est pour toi !

3 Activités

1 Regarde la liste de mots et classe-les selon les catégories proposées.

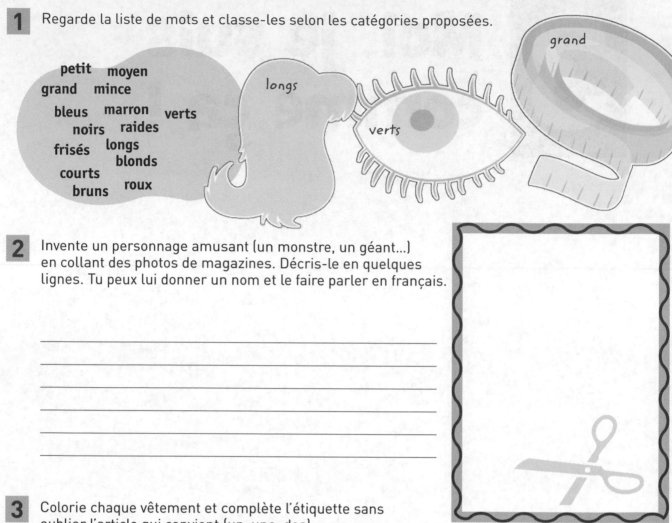

petit   moyen
grand   mince
bleus   marron   verts
noirs   raides
frisés   longs
blonds
courts
bruns   roux

longs

verts

grand

2 Invente un personnage amusant (un monstre, un géant...) en collant des photos de magazines. Décris-le en quelques lignes. Tu peux lui donner un nom et le faire parler en français.

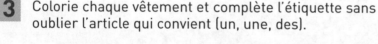

3 Colorie chaque vêtement et complète l'étiquette sans oublier l'article qui convient (un, une, des).

4 Remplis cette grille avec le mot qui correspond à chaque définition. Découvre le mot qui apparait dans les cases colorées.

Quel est le mot mystérieux ?

5 **A.** Les frères Braquetout sont cinq hommes très dangereux. Lis les descriptions et réponds aux questions.

Qui est brun et porte des lunettes ?

_____

Qui a les cheveux mi-longs et porte un t-shirt noir ?

_____

Qui porte des lunettes et a les cheveux très courts ?

_____

Qui est blond et porte une veste ?

_____

AVIS DE RECHERCHE

AVIS DE RECHERCHE

MARCELIN

ANATOLE

AVIS DE RECHERCHE

CASIMIR

RECHERCHE

B. Écoute l'avis de recherche de la police et coche les bonnes réponses.

Piste 10

Gustave est...
- [ ] grand
- [ ] petit
- [ ] blond
- [ ] roux

Il a les yeux...
- [ ] verts
- [ ] bleus
- [ ] noirs

Il porte...
- [ ] une moustache
- [ ] un t-shirt bleu
- [ ] des lunettes

Il a...
- [ ] des baskets
- [ ] une casquette
- [ ] un sac à dos avec dix mille euros

AVIS DE RECHERCHE

FIRMIN

C. Dessine Gustave à l'aide des informations entendues.

GUSTAVE

6 Lis les phrases suivantes.

A. Écris sous les dessins le prénom de chaque personnage. Attention ! Il y a un personnage mystérieux.

- Estelle est blonde, elle aime dessiner.
- Marc va à la piscine et porte des lunettes bleues.
- Ingrid a des chaussures blanches et aime faire du shopping.
- Manon et Boris adorent les ordinateurs.
- Nadia a les cheveux noirs et longs. Elle aime les livres et les BD.
- Noémie adore la musique.
- Romain est brun, il porte un t-shirt orange.
- Cathy aime la couleur rose et les sports de montagne.
- Stéphane a les cheveux courts et il regarde souvent la télé.
- Rolinho porte un short blanc et un t-shirt bleu. Il adore l'équipe de foot du Brésil.

B. Le personnage mystérieux s'appelle Xavier. Lis ces phrases et souligne les informations exactes.

Xavier est un garçon / une fille

Xavier aime **le sport / le théâtre**.
Il est **blond / brun**.
Il a les **cheveux / yeux** verts.
Il porte **une robe / un pantalon** noir.
Il a des **chaussures / une casquette** marron.
Il porte une chemise **bleue / rouge**.

7 Complète ces questions par *est-ce que* ou *qu'est-ce que*.

	Est-ce que ?	Qu'est-ce que ?
... tu fais souvent du sport ?	☐	☐
... tu joues avec ton frère ?	☐	☐
... tu parles anglais ?	☐	☐
... vous préférez regarder à la télé ?	☐	☐
... tu fais le mercredi ?	☐	☐
... tu aimes faire le week-end ?	☐	☐

Réponds à cette question.

Si la réponse attendue est OUI ou NON, comment commence la question ?

Activités

8 **A.** Mathieu et Cécile font-ils souvent ces activités ? Relis dans ton livre les textes de *Tu es comme Mathieu ou comme Cécile ?* (U.3, activité 5), puis complète ce tableau.
Indique **la fréquence** ou marque « **?** » si tu ne sais pas.

	aller à la piscine	faire mes devoirs	faire du skate	regarder la télé	naviguer sur Internet	lire	faire du shopping	faire de la danse	faire un tour avec mes amis
Mathieu			une fois par semaine						?
Cécile			?						tous les jours

jamais   **le mardi**   **une fois par semaine**
souvent   **tous les jours**   **le samedi**

B. Complète maintenant ce tableau pour parler de toi et de ton ami(e).

	aller à la piscine	faire mes devoirs	faire du skate	regarder la télé	naviguer sur Internet	lire	faire du shopping	faire de la danse	faire un tour avec mes amis
moi									
mon ami(e)									

C. Écris 5 phrases pour présenter tes loisirs ou les loisirs de ton ami(e).

- _____
- _____
- _____
- _____
- _____

3 Activités

Moi, j'aime faire...

9 Complète la lettre suivante avec les verbes de la liste. Attention, tu ne peux pas utiliser deux fois le même verbe.

appelle   adore

déteste   va

FONT

a   suis

fais

AI

habite

Salut,

Je m'_____ Karine, j'_____ 12 ans et je _____ de Lyon. J'_____ regarder les blogs de jeunes d'autres pays pour parler de thèmes comme le sport, la musique, le collège... Tu connais www.mesamis.net ? C'est super ! Par exemple, j'aime les pages de Mike et John, de Dublin. Ils _____ du skate et moi aussi. Ils ont des photos d'acrobaties très belles. Moi, je _____ le foot et je _____ de la danse moderne. Valéria, de Rome, elle _____ un groupe de rock super. Je connais aussi Hamed. Il _____ dans une nouvelle ville, il _____ dans un collège très grand en Belgique et il cherche de nouveaux amis. Parler avec des personnes des quatre coins du monde, c'est sympa !_

Karine

10 Donne pour chaque catégorie le nom de personnages connus, un Français et un autre de ton pays.

un acteur / une actrice	un sportif / une sportive	un musicien / une musicienne

11 **A.** Classe ces adjectifs de personnalité dans la colonne qui convient.

désordonné/désordonnée
amusant/amusante
timide
optimiste
sympa
paresseux/paresseuse
généreux/généreuse
sportif/sportive
menteur/menteuse
hypocrite

B. Pour toi, un bon ami / une bonne amie est _____
Explique pourquoi dans ta langue.

_____

_____

_____

12 Dessine :

Un homme ▶ très gros	assez gros	un peu gros
Une femme ▶ très grande	assez grande	très petite
Un enfant ▶ très content	assez content	un peu triste

13 Complète ces phrases pour parler de toi.

Je suis timide.

Je suis un peu _____

Je suis assez _____

Je suis très _____

J'aime jouer au/ à la _____

J'aime jouer du/ de la _____

Je fais du/ de la _____

Ma couleur préférée est le _____

Je parle _____

14 Écris dans le tableau trois noms d'animaux que tu aimes par ordre de préférence. Attribue à chacun d'entre eux trois adjectifs selon leurs qualités. Aide-toi du dictionnaire, si nécessaire.

	Animal	Adjectif	Adjectif	Adjectif
1				
2				
3				

SOLUTION
Le premier animal représente comment tu aimerais être.
Le deuxième animal comment les autres te voient.
Le troisième indique comment tu es réellement.

15 **Des maths en couleurs !**

A. Quel est le résultat de ces opérations ? Écris le résultat dans chaque case, puis colorie le dessin en respectant le code des couleurs.

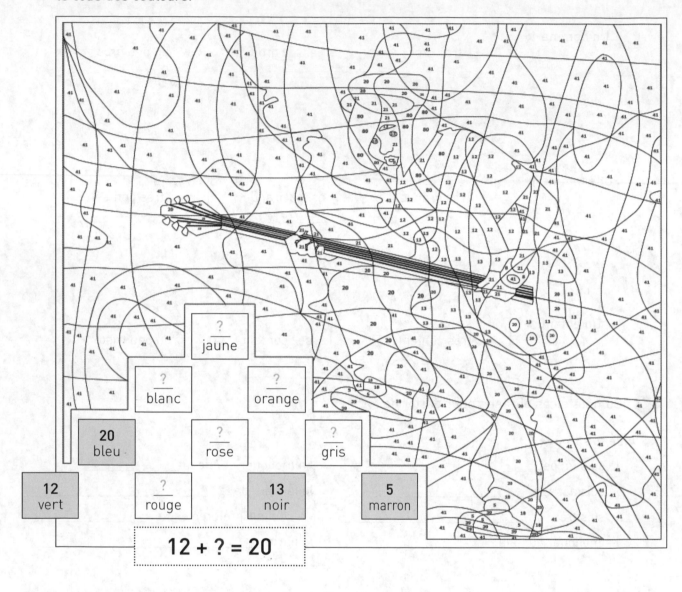

| ? jaune |
? blanc	? orange
20 bleu	? rose	? gris
12 vert	? rouge	13 noir	5 marron

12 + ? = 20

16 **A.** Écoute bien. Quel est le premier son que tu entends ?

Piste 11

J'entends le son	0	1	2	3	4	5	6	7	8	9	10
[f]											
[v]											

B. Trouve dans le livre cinq autres mots qui contiennent les sons [v] et [f].

[f] _____ _____ _____ _____ _____

[v] _____ _____ _____ _____ _____

La grammaire, c'est facile !

1 Regroupe ces mots selon la forme au féminin.

sympathique paresseuse petit long court
blond brun petite ordonnée généreuse
désordonnée grande généreux amusant
grand timide sportive paresseux blonde
brune pessimiste ordonné optimiste
courte désordonné amusante longue sportif

masculin → E

grand → grande

EUX → EUSE

génereux → généreuse

INVARIABLE

sympa

IF → IVE

2 **A.** Conjugue ces quatre verbes au présent.

PORTER

je _____

tu _____

il / elle _____

nous _____

vous _____

ils / elles _____

JOUER

je _____

tu _____

il / elle _____

nous _____

vous _____

ils / elles _____

REGARDER

je _____

tu _____

il / elle _____

nous _____

vous _____

ils / elles _____

ALLER

je _____

tu _____

il / elle _____

nous _____

vous _____

ils / elles _____

B. Observe ces verbes. Il y a un verbe irrégulier, lequel ?

_____

C. Dans ta langue, il y a aussi des verbes irréguliers ?
Donne trois exemples.

_____ _____ _____

3 Mot à mot

1 Cherche dans l'unité 3, quatre mots en rapport avec la musique et quatre mots en rapport avec le sport.

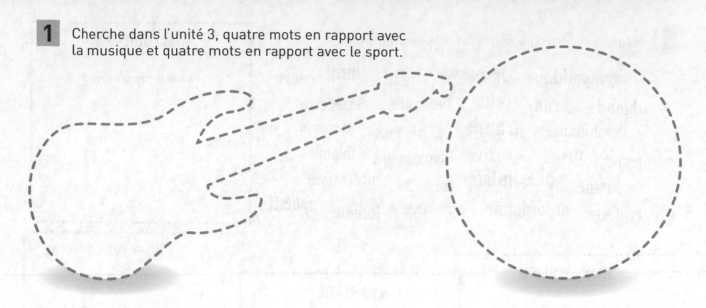

2 Note les dix premiers mots de cette unité qui te viennent à l'esprit.

3 **A.** Quels sont pour toi les cinq mots les plus difficiles ?

B. Traduis-les et cherche une image en rapport avec ces mots.

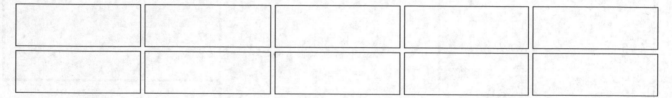

en français

dans ta langue

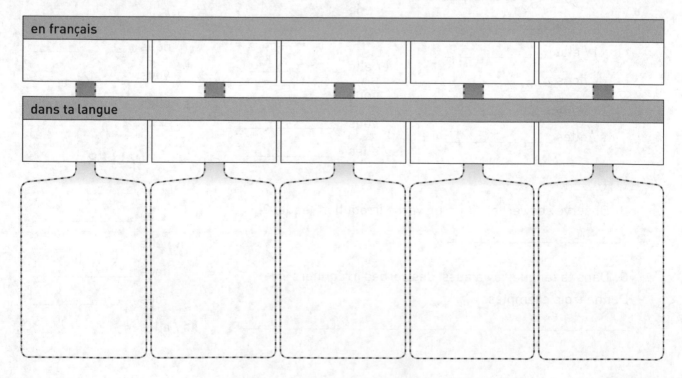

1 Voilà deux fiches de présentation de personnages de bande dessinée (ou BD) francophone. Consulte des sites qui les présentent pour répondre vrai (V) ou faux (F).

A. Astérix et Obélix
Clique sur le *village*, trouve la maison d'Assurancetourix et réponds aux questions suivantes.

	V	F
1. Assurancetourix habite dans le village d'Astérix	☐	☐
2. Il est petit et brun	☐	☐
3. Il porte un jean	☐	☐
4. Ses chaussures sont bleues	☐	☐
5. Dans ta langue, il s'appelle aussi Assurancetourix	☐	☐

B. Lucky Luke
Regarde les différents personnages et réponds aux questions suivantes.

	V	F
1. Les aventures se passent en France.	☐	☐
2. Lucky Luke porte une chemise verte et un chapeau marron	☐	☐
3. C'est un cow-boy très rapide	☐	☐
4. Jolly Jumper est un cheval très intelligent	☐	☐
5. Les frères Dalton sont deux shérifs	☐	☐

2 QUARTIER LIBRE
Relis la page 50 du Livre de l'élève et place le Parc Astérix sur la carte de France.

3 Voici d'autres noms de héros de BD : le Marsupilami, Tintin, Gaston Lagaffe, Titeuf... Cherche sur Internet une image d'un de ces héros et fais une petite description.

1 Regarde cette liste de mots. À quoi te font-ils penser ? Coche la ou les cases pour chacun d'entre eux. Dans quelle colonne as-tu le plus de croix ? Quel genre d'élève es-tu ? Regarde le tableau des solutions.

mots	je vois	j'écoute	je goûte	je sens	je touche	je fais
maths						
chat						
matin						
collège						
parler						
ordinateur						
vacances						
français						
crayon						
Internet						
ma famille						
téléphone						
Belgique						
lundi						
samedi						
soleil						
guitarre						
Alpes						
amis						
sportif						
rouge						

Résultats

Si tu as plus de croix dans la colonne JE VOIS :

 Tu es une personne plutôt visuelle. C'est-à-dire que pour toi, c'est très important de voir ce que tu fais. Et tu te souviens bien de tout ce que tu vois. Voici quelques pistes pour apprendre plus facilement le français : regarde des films, écris un mot plusieurs fois, recopie des règles de grammaire sur des petits papiers et colle-les là où tu peux souvent les voir, lis tout ce que tu trouves pour mémoriser des mots, fais des tableaux, des shémas, des dessins pour associer des mots...

Si tu as plus de croix dans la colonne J'ÉCOUTE :

 Tu es une personne plutôt auditive. C'est-à-dire que le sens de l'ouïe est très développé. Tu te souviens bien de tout ce que tu entends. C'est pour cela que nous te donnons de petites astuces pour apprendre plus facilement le français. Écoute de la musique calme pendant que tu étudies, écoute une émission de radio ou de la musique française, enregistre-toi en français puis écoute pour corriger tes erreurs...

Si tu as plus de croix dans les colonnes JE SENS, JE GOÛTE, JE TOUCHE :

 Tu es une personne plutôt sensorielle. C'est-à-dire que les sensations de ton corps sont très importantes dans ta vie et pour apprendre le français aussi. Nous te proposons quelques petits trucs pour progresser en français. Trouve un endroit calme pour étudier et associer l'apprentissage du français à un cadre agréable (l'odeur de fleurs, fruits, le chant des oiseaux...), lis des recettes de cuisine, etc. ...

Si tu as plus de croix dans la colonne JE FAIS :

 Tu es une personne pratique. Tout ce que tu fais est très important pour apprendre une langue. Tu as une bonne mémoire quand tu fais quelque chose de matériel. Voici quelques idées pour apprendre plus facilement le français : participe à tous les projets de classe, les dossiers de ton livre, découpe, colle et dessine souvent pour mémoriser . Tu peux aussi faire des jeux, des concours et participer à une pièce de théâtre...

UNITÉ 4

C'est la fête !

Colle, dessine, écris... tout
ce que tu veux. Cette page
est pour toi !

4 Activités

1 **A.** Fais ton calendrier. Indique...

    a. en vert, les vacances scolaires.
    b. en bleu, ton anniversaire.
    c. d'une autre couleur, les noms des fêtes
       importantes dans ton pays et ta ville.

JANVIER

Lun	Mar	Mer	Jeu	Ven	Sam	Dim

FÉVRIER

Lun	Mar	Mer	Jeu	Ven	Sam	Dim

MARS

Lun	Mar	Mer	Jeu	Ven	Sam	Dim

AVRIL

Lun	Mar	Mer	Jeu	Ven	Sam	Dim

MAI

Lun	Mar	Mer	Jeu	Ven	Sam	Dim

JUIN

Lun	Mar	Mer	Jeu	Ven	Sam	Dim

JUILLET

Lun	Mar	Mer	Jeu	Ven	Sam	Dim

AOÛT

Lun	Mar	Mer	Jeu	Ven	Sam	Dim

SEPTEMBRE

Lun	Mar	Mer	Jeu	Ven	Sam	Dim

OCTOBRE

Lun	Mar	Mer	Jeu	Ven	Sam	Dim

NOVEMBRE

Lun	Mar	Mer	Jeu	Ven	Sam	Dim

DÉCEMBRE

Lun	Mar	Mer	Jeu	Ven	Sam	Dim

B. Maintenant réponds aux questions suivantes.

Quel est le jour de la rentrée ? _____

Quel est le dernier jour de cours ? _____

Est-ce que tu as des vacances en hiver ? Quand ? _____

_____

Est-ce que tu as des vacances au printemps ? Quand ? _____

_____

Quand est l'anniversaire de ta meilleure copine ou de ton meilleur copain ? _____

_____

Quel est ton jour férié préféré ? Pourquoi ? Explique pourquoi en français ou dans ta langue.

_____

_____

2 Explique une fête que tu aimes bien.
Si tu peux, colle une image de cette fête sur la fiche.

Octobre

31

Halloween.
Au Québec, on fait une grande fête très populaire. Tout le monde se déguise.

Mois : _____

Jour : _____

_____

_____

_____

_____

_____

4 Activités

3 **A.** Il manque le nom de deux saisons, lesquelles ?
Place-les dans le bon nuage.

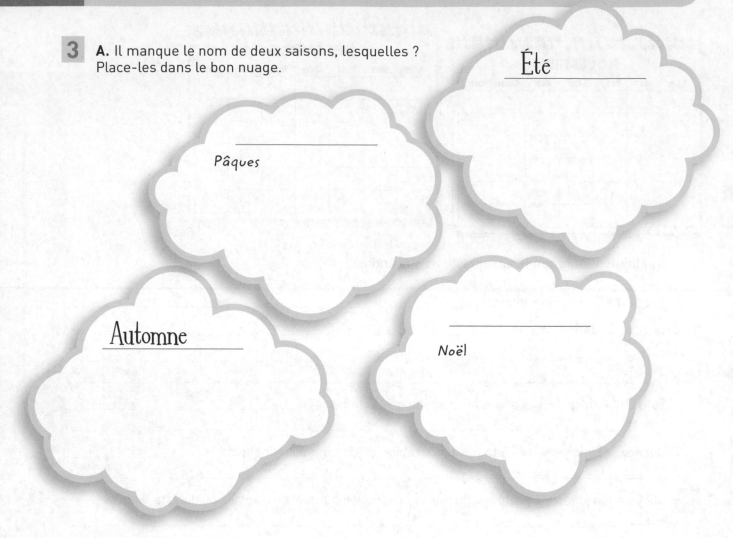

Été

Pâques

Automne

Noël

B. Place les fêtes et les événements dans le nuage qui
convient. Colorie chaque nuage tel que tu imagines la saison
qu'il représente.

Le Jour de l'an
La fête de la Musique
La chandeleur
Le carnaval
La Saint-Valentin
Pâques

La fête des Mères
La fête des rois
La rentrée
La Toussaint
Halloween
La Saint-Nicolas

Noël
La Saint Sylvestre
La fête nationale française
Poisson d'avril
Ton anniversaire

4 Écris les dates d'anniversaire de trois personnes
importantes pour toi et, si tu peux, colle leur photo.

Anniversaire de :

Anniversaire de :

Anniversaire de :

Activités

5 Dans ce texte, que signifie **ON** ? Choisis parmi les options proposées dans l'encadré (plusieurs réponses sont possibles).

En février ou en mars, à Nice, on célèbre (_____) une grande fête très populaire avec ses parades et ses célèbres batailles de fleurs : le carnaval !

On organise (_____) la fête pendant des mois : avec un thème différent chaque année (l'Europe, le sport, le cirque, le cinéma…) les « carnavaliers » font de très grands personnages en papier-maché appelés « Grosses têtes » pour les parades dans les rues de la ville. On utilise (_____) beaucoup de couleurs et de fleurs pour les décorations.

À Nice, on aime (_____) beaucoup cette fête parce qu'on se déguise (_____), on chante (_____), on danse (_____) et on s'amuse (_____) beaucoup toute la semaine.

> tout le monde
> les Niçois
> la ville
> les gens
> les carnavaliers

6 **A.** Complète avec *du / de la / des / de l'* et propose ton petit déjeuner idéal.

_____ croissants
_____ jus de fruit
_____ chocolat
_____ beurre
_____ confiture
_____ pain

_____ lait
_____ fromage
_____ pomme
_____ orange
_____ banane
_____ céréales
_____ pain grillé

B. Mon petit déjeuner idéal.

Le petit déjeuner idéal pour moi, c'est...

_____
_____
_____
_____
_____

quarante-cinq **45**

4 Activités

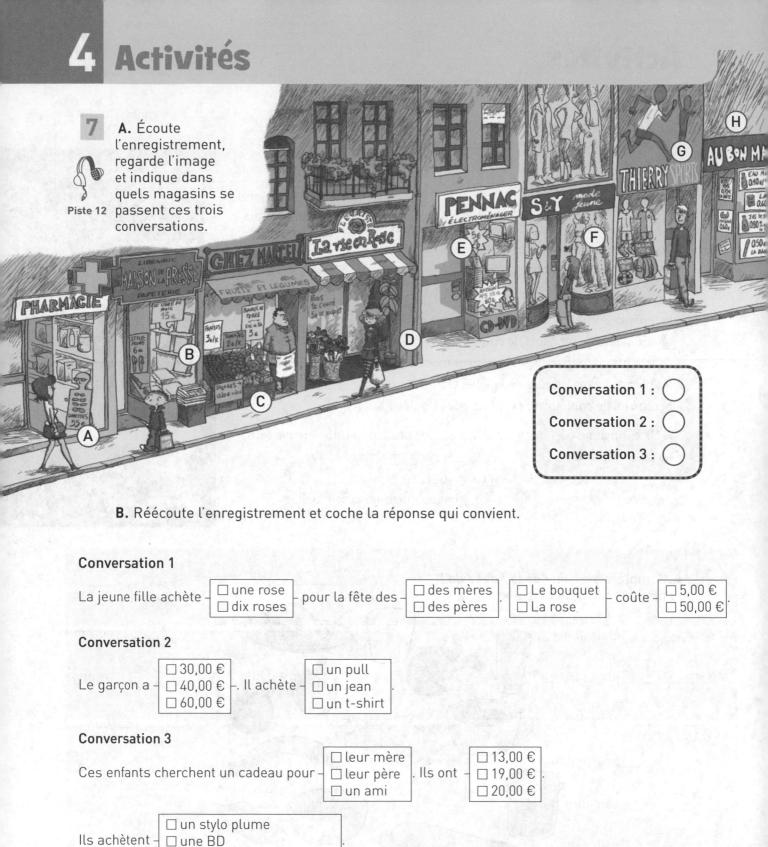

7 **A.** Écoute l'enregistrement, regarde l'image et indique dans quels magasins se passent ces trois conversations.

Piste 12

Conversation 1 : ◯
Conversation 2 : ◯
Conversation 3 : ◯

B. Réécoute l'enregistrement et coche la réponse qui convient.

Conversation 1

La jeune fille achète
- ☐ une rose
- ☐ dix roses

pour la fête des
- ☐ des mères
- ☐ des pères

.
- ☐ Le bouquet
- ☐ La rose

coûte
- ☐ 5,00 €
- ☐ 50,00 €

.

Conversation 2

Le garçon a
- ☐ 30,00 €
- ☐ 40,00 €
- ☐ 60,00 €

. Il achète
- ☐ un pull
- ☐ un jean
- ☐ un t-shirt

.

Conversation 3

Ces enfants cherchent un cadeau pour
- ☐ leur mère
- ☐ leur père
- ☐ un ami

. Ils ont
- ☐ 13,00 €
- ☐ 19,00 €
- ☐ 20,00 €

.

Ils achètent
- ☐ un stylo plume
- ☐ une BD
- ☐ un stylo plume et une BD

.

8 Écoute et mets une croix quand tu entends une voyelle nasale.

Piste 13

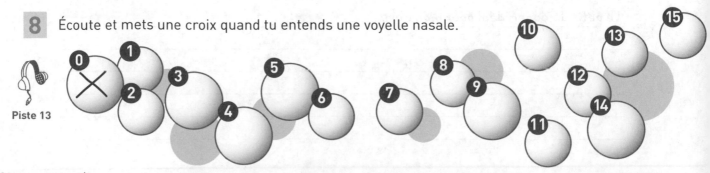

9 **A.** Voici la famille de Laurie.
Complète les bulles avec les prénoms qui manquent.

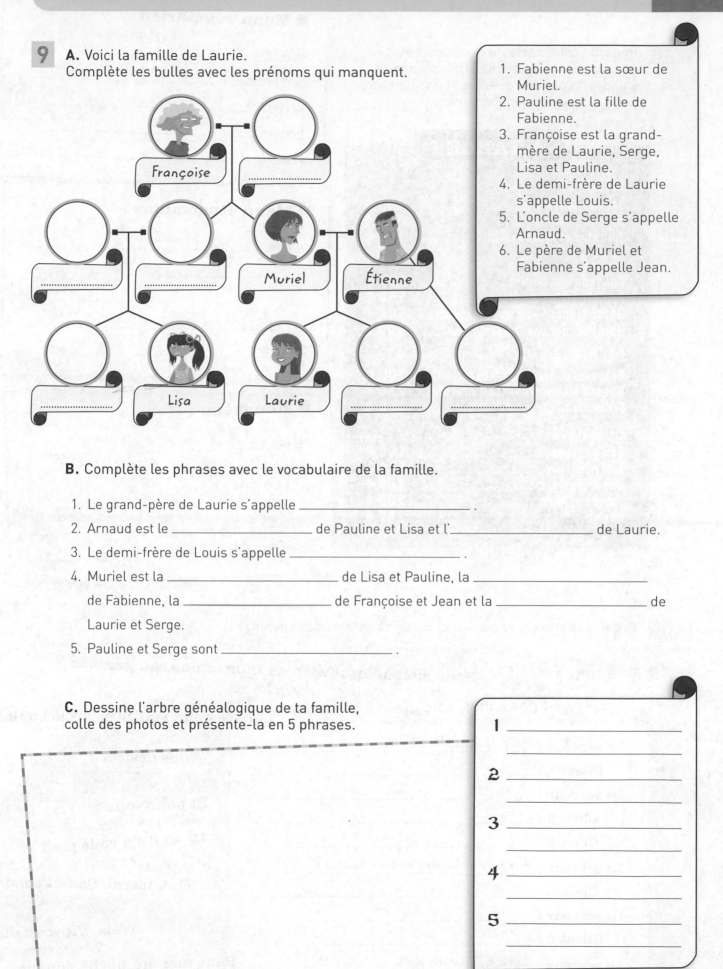

1. Fabienne est la sœur de Muriel.
2. Pauline est la fille de Fabienne.
3. Françoise est la grand-mère de Laurie, Serge, Lisa et Pauline.
4. Le demi-frère de Laurie s'appelle Louis.
5. L'oncle de Serge s'appelle Arnaud.
6. Le père de Muriel et Fabienne s'appelle Jean.

B. Complète les phrases avec le vocabulaire de la famille.

1. Le grand-père de Laurie s'appelle _____ .

2. Arnaud est le _____ de Pauline et Lisa et l'_____ de Laurie.

3. Le demi-frère de Louis s'appelle _____ .

4. Muriel est la _____ de Lisa et Pauline, la _____
de Fabienne, la _____ de Françoise et Jean et la _____ de
Laurie et Serge.

5. Pauline et Serge sont _____ .

C. Dessine l'arbre généalogique de ta famille,
colle des photos et présente-la en 5 phrases.

1 _____
_____
2 _____
_____
3 _____
_____
4 _____
_____
5 _____
_____

4 Activités

10 Regarde cette carte de restaurant et imagine ces trois menus. Choisis une salade, un plat, un dessert et une boisson. Écris aussi combien ils coûtent.

À TABLE !

SALADES
Salade de crudités .... 4,00 €
Salade de thon.................................. 4,20 €
Tomates et mozzarella.................... 3,50 €

PLATS
Couscous au poulet........................ 6,00 €
Poulet- frites .... 5,50 €
Hamburguer/ Poisson et légumes .... 5,00 €
Hamburguer végétarien .... 4,00 €

DESSERTS
Glace au chocolat et à la pistache ... 3,00 €
Gâteau au chocolat (fait maison).... 2,50 €
Fromage.. 3,50 €

BOISSONS
Eau gazeuse .... 1,90 €
Eau minérale .... 1,70 €
Jus d'orange................................... 2,00 €
Jus de pomme .... 2,00 €
Coca .... 2,00 €

■ Menu végétarien :
salade : _____
plat principal : _____
dessert : _____
boisson : _____
Il coûte : _____

■ Menu économique :
salade : _____
_____
_____
_____
Il coûte : _____

■ Mon menu :
salade : _____
_____
_____
_____
Il coûte : _____

11 Organise cette conversation entre un serveur et des clients.

Ce sera tout ?

Pour moi, un sandwich au thon et une eau gazeuse.

Et pour moi, une glace à la vanille.

Avec deux boules ou trois boules ?

Le serveur : Vous désirez ?
Client 1 : _____
Le serveur : _____
Client2 : _____
Client3 : _____
Le serveur : Avec deux boules ou trois boules ?
Client3 : _____
Le serveur : _____
Client 2 : _____
Le serveur : 15,40 €, s'il vous plaît.

Vous désirez ?

Et pour vous ?

15,40 € s'il vous plaît

Oui, merci. Ça fait combien

Trois, s'il vous plaît.

Pour moi, un jus de pomme.

1 **A.** Regarde ces trois listes d'achats et recopie le nom des produits dans le chariot qui convient. Attention à l'étiquette de chaque chariot.

Liste 1 :
- 1 kg de fraises
- deux baguettes
- 3 bouteilles de jus de fruits
- des yaourts
- des fleurs
- du jambon
- 2 paquets de chips
- 1 paquet de sel
- trois cahiers
- 5 CD

Liste 2 :
6 litres de lait
de l'eau minérale
2 croissants
3 salades
2 kg de tomates
un bouquet de fleurs
12 tranches de jambon
une boîte de camembert
du sucre
une boîte de crayons de couleur
6 stylos rouges
1 trousse

Liste 3 :
trois boîtes de thon
un litre d'huile d'olive
5 bouteilles d'eau minérale
du pain
des pommes de terre
6 yaourts
du fromage
des fruits
un kilo de sucre
un stylo vert
un stylo noir
deux crayons
un classeur

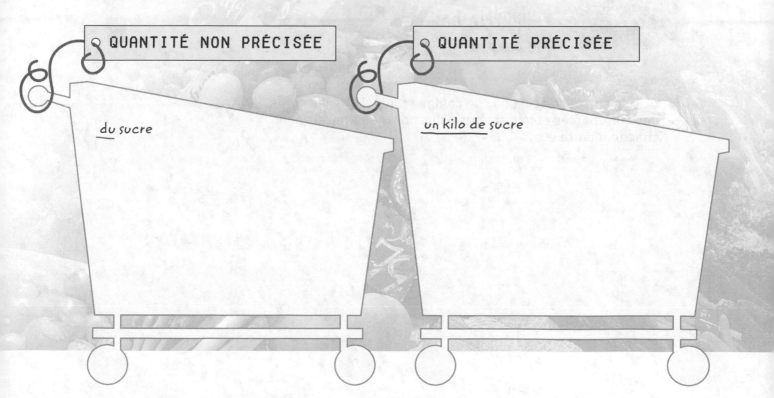

QUANTITÉ NON PRÉCISÉE

du sucre

QUANTITÉ PRÉCISÉE

un kilo de sucre

B. Souligne en bleu les mots qui servent à exprimer la quantité non précisée et en rouge les mots qui indiquent la quantité précisée.

4 Mot à mot

1 **A.** Souligne l'intrus dans chaque panier.

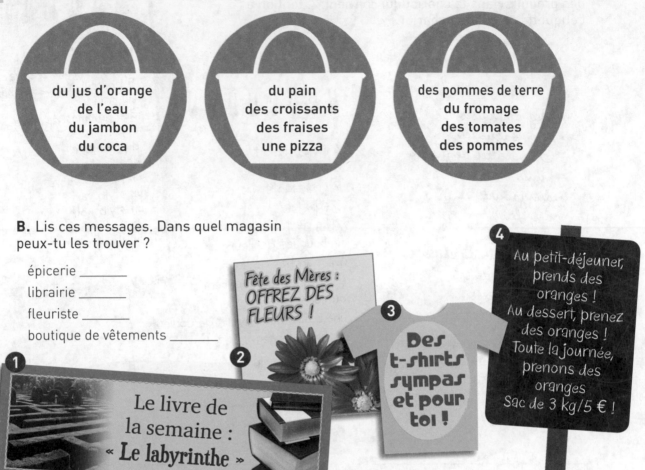

du jus d'orange
de l'eau
du jambon
du coca

du pain
des croissants
des fraises
une pizza

des pommes de terre
du fromage
des tomates
des pommes

B. Lis ces messages. Dans quel magasin
peux-tu les trouver ?

épicerie _____
librairie _____
fleuriste _____
boutique de vêtements _____

2 Fête des Mères :
OFFREZ DES
FLEURS !

3 Des
t-shirts
sympas
et pour
toi !

4 Au petit-déjeuner,
prends des
oranges !
Au dessert, prenez
des oranges !
Toute la journée,
prenons des
oranges
Sac de 3 kg/5 € !

1 Le livre de
la semaine :
« Le labyrinthe »

C. Dessine et colorie une rue commerçante. Écris les noms
des commerces et invente aussi des noms en français pour
chacun d'entre eux.

1 Clique sur le site http://boutique.unicef.fr/ et réponds
aux questions suivantes.

1. « La boutique solidaire » est un magasin virtuel.
   À quelle organisation appartient-il ?
   _____

unicef

2. Quels sont les produits sélectionnés ce mois-ci ?
   Combien coûtent-ils ? Lequel préfères-tu ?

Produits :

_____ prix : _____

_____ prix : _____

_____ prix : _____

_____ prix : _____

Mon produit préféré _____

---

3. Tu décides de faire des cadeaux à moins de 10 € pour cinq
   membres de ta famille. Parmi ceux proposés dans les pages
   de ce site, lesquels choisis-tu ? Et pour qui ?

Pour _____, _____

Pour _____, _____

Pour _____, _____

Pour _____, _____

Pour _____, _____

---

4. Quelle est la carte que tu
   préfères ? Dessine-la.

Ma carte préférée

5. C'est une carte de / d'...
   (souligne la réponse)

   Noël
   Nouvel an
   Saint-Valentin
   Anniversaire
   Autre

6. Cherche sur Internet le site de l'UNICEF de ton pays.
   Est-ce qu'il y aussi une boutique solidaire ?
   _____
   _____

1 Réutilise les couleurs que tu as choisies dans ton portfolio de l'**unité 1** pour colorier ce que tu peux faire dans chacune de tes langues.

Je comprends...
1. des mots.
2. des phrases.
3. l'idée principale de ce qu'on me dit.
4. des émissions de télé.
5. des émissions de radio.
6. des films.

Je lis...
1. des BD.
2. des publicités, des affiches.
3. des e-mails.
4. des lettres.
5. des lectures adaptées ou des manuels scolaires.
6. des romans.

Langue 1				
Langue 2				
Langue 3				
Langue 4				
Langue 5				

À l'oral, je peux...
1. poser des questions.
2. parler de moi.
3. raconter des histoires.
4. donner mon avis.
5. exposer un sujet devant un public.
6. participer à une conversation sur n'importe quel sujet.

Je peux écrire...
1. des réponses à des questionnaires.
2. des cartes postales ou des e-mails.
3. des lettres.
4. des récits.
5. des rédactions avec mon avis.
6. des exposés de plusieurs pages.

On s'amuse !

Colle, dessine, écris... tout ce que tu veux. Cette page est pour toi !

5 Activités

1 Relis les interviews de Lise et Bertrand dans ton livre p. 72.
À qui peuvent appartenir ces affirmations ?

	Lise	Bertrand
La musique est très importante dans ma vie.	X	
Je nage 2 heures par jour.		
Mon lycée est spécialisé dans les sports.		
J'ai souvent des concerts le soir.		
Ma meilleure amie fait de la danse avec moi.		
J'étudie à la maison.		
Je dors au lycée du lundi au vendredi.		

2 Et toi, à quelle heure fais-tu ces activités ? Mets-les dans l'ordre où tu les fais. Attention : n'oublie pas d'indiquer l'heure.

Je me lève à 7 h 30.

aller au collège

faire les devoirs

se lever

se coucher

se doucher

prendre le petit déjeuner

déjeuner

goûter

dîner

1. _____
2. _____
3. _____
4. _____
5. _____
6. _____
7. _____
8. _____
9. _____

3 **A.** Vous êtes sportifs ? Demande à trois personnes de ta famille quels sont les sports qu'elles pratiquent et quel est leur niveau.

Mon cousin Éric joue très bien au hand-ball.

1 _____

2 _____

3 _____

B. Dessine-les sur un podium avec une médaille pour chacun.

basket • natation • snowboard • tennis

4 **A.** Dans cette émission sur *Canalsport*, on parle de quatre sports ? Lesquels ?

Piste 14

football • **karaté** • **ski** • **yoga** • **judo** • **rugby**

B. Recopie dans le tableau les sports entendus et, pour le compléter, réécoute l'émission.

SPORTS ?	OÙ ? (ville)	QUAND ? (jour et heure)
1 football	Lyon	vendredi à 20h
2		
3		
4		

5 Regarde l'activité 3 p. 73 de ton livre.
Quelles sont les différentes manières d'écrire le son [s] ?
Complète ce tableau et donne deux exemples.

Le son [s] peut s'écrire...	s		c	
Exemple 1	stylo			
Exemple 2		passer		français

6 Complète ces mots croisés avec les parties du corps.

7 Relis les conseils du Docteur Berger p. 74 et indique si les affirmations suivantes sont vraies ou fausses.

	VRAI	FAUX
1 Il faut dormir huit ou neuf heures par nuit.	✗	
2 Le sport n'est pas très important.		
3 Le stress peut être un motif de fatigue.		
4 Un verre d'eau est un bon petit déjeuner.		
5 Il ne faut pas manger de fruit.		
6 Il faut aussi manger des légumes.		

8 Écris trois conseils pour chaque situation.

Pour être en forme :

★ On doit _____

_____

★ Il faut _____

_____

★ C'est important de _____

_____

Pour avoir une bonne note à un contrôle :

★ _____

_____

★ _____

_____

★ _____

_____

9 A. Associe une expression à chaque dessin puis déchiffre le message dans la grille.

```
_ _ _ _   _ _ _ _ _ _ _   ?
        L
① ② ③ ④   ⑤ ⑥ ⑦ ⑧ ⑨ ⑩ ⑪
```

JE SUIS MALADE !

D J'ai sommeil

L J'ai froid

4

7

A J'ai mal aux pieds

O Je me sens plein d'énergie

L Je vais bien

8

T J'ai chaud

C Nous sommes fatigués

R Je suis stressé

E J'ai mal à la tête

O Nous avons faim

U J'ai mal au ventre

B. Choisis quatre situations et donne une explication à leur problème en utilisant **PARCE QUE / PARCE QU'**.

Elle a froid parce qu'elle ne porte pas de pull.

1. _____

2. _____

3. _____

4. _____

10 Voici les habitudes de Claire pendant toute la semaine. À ton avis, passer du temps à faire ces choses, c'est ou ce n'est pas **TROP, BEAUCOUP, ASSEZ, PEU**.

Combien de temps ?

Elle joue aux jeux vidéo 20 minutes : *ce n'est pas beaucoup.*

Elle navigue sur Internet seulement le week-end : _____

Elle regarde la télé 5 heures : _____

Elle lit une heure : _____

Elle parle avec ses parents pendant 2 heures : _____

Elle fait ses devoirs pendant 3 heures : _____

Elle fait 12 heures de sport : _____

Elle dort 5 heures par nuit : _____

5 Activités

11 **A.** Écris sous chaque écran le type d'émission qui convient et dessine les deux qui manquent. Invente un titre pour ces deux émissions.

un reportage
un film
un dessin animé
un jeu
le journal
une émission de sport
une série
un documentaire animalier

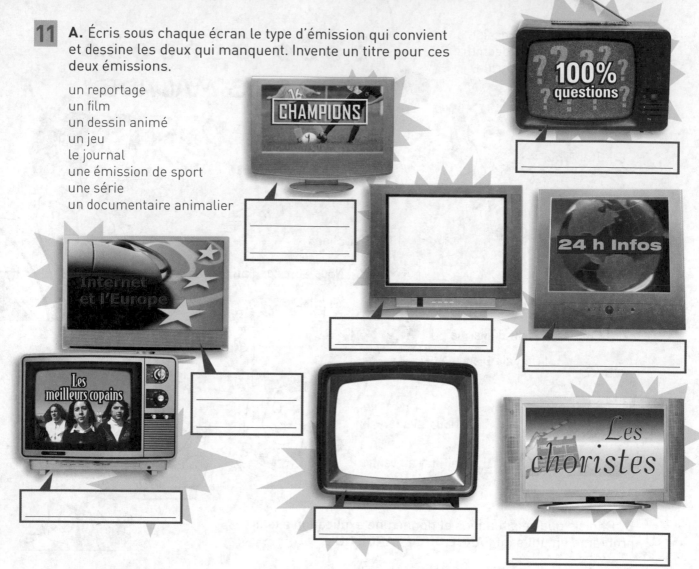

B. Le magazine _TVMag_ demande aux lecteurs de présenter leur série préférée en quelques lignes.

■ Voici quelques questions qui peuvent t'aider à préparer ton texte :

Quand passe cette série à la télé ? _____

Il y a un personnage important ? _____

C'est une histoire de science-fiction, d'action, de mystère ?_____

Les personnages sont des jeunes, des adultes, des animaux ? _____

Pourquoi tu aimes cette émission ? _____

■ Maintenant, écris un petit texte pour le magazine.

Activités

12 Imagine que ton ordinateur peut parler et qu'il te pose des questions. Pour lui répondre tu peux utiliser les expressions vues dans ton livre p. 76.

Je suis très très très fatigué ! Tu ne peux pas faire autre chose ? Tu n'as pas de livres, de jeux... ? Tu n'as pas de frère ou de sœur, un chien, des amis ? Tu n'aimes pas sortir de chez toi ? Voyons, réponds-moi :

> Tu passes combien de temps par jour tout seul avec moi ?

_____

> Tu m'utilises parfois avec ta famille ou tes amis ? Combien de fois par semaine ?

_____

> Pourquoi tu m'utilises ?

☐ pour écrire.
☐ pour jouer.
☐ pour chercher des informations sur Internet.
☐ pour chatter avec tes amis.
☐ pour envoyer des e-mails ou regarder des blogs.

> Tu penses que tu m'utilises un peu, beaucoup ou trop ? _____

> Tu penses que je suis très important dans ta vie ? Pourquoi ?

_____

Tu préfères faire d'autres choses ? Quoi ? _____

_____

13 Regarde l'activité 8 p. 78 de ton livre. Louise invite son amie Malika à passer le week-end avec elle. Écris un petit texte pour expliquer ce qu'elles vont faire.

Le samedi matin, elles vont regarder

_____
_____
_____
_____
_____
_____

14 Comment dis-tu que tu acceptes ou refuses une invitation ?
Classe ces quatre expressions dans l'encadré qui convient.

Super !

Dommage !

D'accord !

Désolé(e) !

5 Activités

15 Regarde l'agenda de Samuel. Réponds aux propositions en acceptant ou en refusant. Si Samuel ne peut pas, il explique pourquoi.

● *Samuel, tu peux venir avec moi acheter un cadeau pour Nicolas samedi après-midi ?*
○ *Désolé, mais je vais chez mon grand-père à Nice.*

a) Tu voudrais aller à la piscine mercredi à 17 h ?

_____

_____

b) Tu veux venir à mon anniversaire samedi soir ?

_____

_____

c) Tu viens avec nous à la patinoire vendredi à 20 h ?

_____

_____

d) Tu veux aller faire un pique-nique au zoo mercredi à midi ?

_____

_____

● **MERCREDI**
14 h–15 h tennis
16 h Anniversaire de Marie

● **JEUDI**
17 h–18 h piscine
18 h 30 devoirs
interro histoire

● **VENDREDI**
devoirs maths et français
18 h–19 h cours de guitare

○ **SAMEDI**
14 h Départ à Nice chez grand-père.
20 h Cinéma « La marche de l'empereur » avec Papi et Mamie

16 **A.** Tous ces mots contiennent le son [ʒ] Ils s'écrivent avec J ou G ? Cherche-les dans le glossaire de ton livre, de l'unité 0 à l'unité 5, et écris-les correctement.

Gara___e   ___our   Bel___ique   ___aune   voya___e   ___upe

___éographie   ___ournal   ___anvier   man___er   froma___e

B. En français, la lettre G peut avoir 2 sons :

[g]: comme dans **ga**rçon (ga, go, gu, gui, gue)   [ʒ]: comme dans **gé**ographie (gi, ge)

Maintenant écoute les mots suivants et coche la colonne qui convient.

Piste 15

	1	2	3	4	5	6	7	8	9	10
J'entends le son [ʒ] j										
J'entends les son [g] gu										
J'écris	gi									

1   **A.** Lis les phrases et place-les dans le nuage qui convient.

PRÉSENT

FUTUR

1 Demain, je vais au cinéma.

2 Ce soir, on va manger au restaurant.

3 Je me lève souvent à 7 h.

4 Mon père fait un très bon gâteau aux pommes.

5 Demain, on mange au restaurant.

6 Je ne vais pas au collège le samedi.

7 Ce week-end, tu vas faire un gâteau aux pommes.

8 Samedi, je vais me lever à 7 h.

B. Observe ces phrases et souligne les bonnes réponses.
En français, on peut aussi exprimer le futur en utilisant :

▶ le présent
▶ ALLER + verbe à l'infinitif
▶ le présent + demain/ la semaine prochaine/ mardi...

Et dans ta langue, comment exprimes-tu le futur ?

_____

_____

_____

2   Lis ces phrases et entoure la bonne réponse.

1. Pour demain, nous avons **beaucoup de** / **beaucoup** devoirs.

2. Je fais **peu** / **peu de** sport.

3. Nous regardons la télé 3 heures par jour. C'est **beaucoup de** / **beaucoup** !

4. Tu as **peu de** / **peu** livres dans ta chambre.

5. Marc et Yann jouent **peu** / **peu de** au rugby.

6. À Noël, on mange **beaucoup de** / **beaucoup**.

1 Trouve dans cette unité des mots en rapport avec les loisirs, les sports et les parties du corps. Utilise chaque lettre de l'alphabet et colorie en vert les loisirs, en bleu les parties du corps et en rouge les sports.

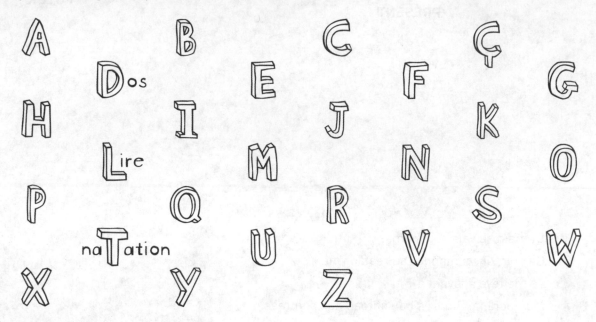

A B C Ç G
Dos E J F K O
H I M N S
Lire Q R V W
naTation U
X Y Z

2 Écris 5 phrases en utilisant des mots de ta liste.

1. _____

2. _____

3. _____

4. _____

5. _____

3 **A.** Indique pour chaque phrase si **ON** a le sens de **NOUS** ou de **LES GENS**.

a) En France, on mange vers 12 h 30. ON = ___les gens___

b) Dans mon collège, on a un club de théâtre. ON = _____

c) En Belgique, on parle trois langues. ON = _____

d) Mes frères et moi, on adore les livres d'Arsène Lupin. ON = _____

e) On fête toujours Noël chez mes grands-parents. ON = _____

f) En France, le 21 juin, on écoute de la musique dans la rue. ON = _____

B. Traduis ces phrases dans ta langue. Tu as traduit de la même manière toutes ces phrases ?

_____

_____

_____

_____

_____

Connecte-toi !

1 Connecte-toi sur le site www.okapi-jebouquine.com et visite les pages disponibles pour savoir si ces affirmations sont vraies ou fausses.

VRAI FAUX

1. C'est un magazine sportif. ○ ○
2. Tu peux trouver des idées de lecture. ○ ○
3. *Okapi* et *Je bouquine* sont deux magazines pour adolescents. ○ ○
4. Il y a des tests de personnalité. ○ ○
5. Tu ne peux pas écrire pour donner ton avis. ○ ○
6. *Okapi* propose aussi les derniers films au cinéma. ○ ○
7. Tu peux télécharger de la musique sur ce site. ○ ○

2 *Je bouquine* a une page sur les grands écrivains français. Tu peux citer trois noms et une œuvre écrite par chacun ?

_____ → _____
_____ → _____
_____ → _____

3 Clique sur la section C
Que peux-tu faire sur cette page ? _____
_____
Que cherchent les gens qui écrivent ? _____
_____
Tu voudrais écrire un message toi aussi ? Oui ou non ? _____

4 Clique sur la rubrique "Feuillette Okapi" et " Feuillette Je bouquine".
Quel magazine préfères-tu ? Pourquoi ?

5 Quelle note donnes-tu à ce site ? Il y a des magazines similaires dans ton pays ? Comment s'appellent-ils ?

___ / 20 _____
_____
_____

1 Qu'est-ce que tu dois faire pour améliorer ton français ?
Comment peux-tu faire ?

OBJECTIFS	COMMENT FAIRE ?
Mieux comprendre la télé, la radio, les chansons…	→ regarder des films → écouter des chansons → regarder la télé → ………..
Mieux parler	→ participer en cours de français → m'enregistrer et m'écouter → ………..
Mieux comprendre les textes	→ lire des BD → lire des informations sur Internet → lire de petits romans, des histoires → ………..
Mieux écrire	→ écrire des messages, des lettres → recopier des informations qui m'intéressent → ………..

2 Les élèves ont parfois des problèmes de prononciation.
Voici une recette qui t'aidera à mieux prononcer.
Suis les instructions pas à pas.

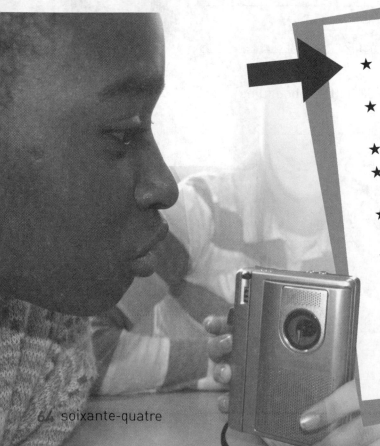

★ Prépare ton matériel pour t'enregistrer.
★ Choisis une chanson en français qui te plaît.
★ Écoute-la et lis les paroles plusieurs fois.
★ Chante cette chanson ou, si tu n'aimes pas beaucoup chanter, récite-la.
★ Enregistre-toi, puis enregistre la version originale.
★ Écoute ta voix, puis celle du chanteur ou de la chanteuse.
★ Note tes erreurs de prononciation.
★ Enregistre-toi une autre fois.

À ton micro !

UNITÉ 6

Vive les vacances !

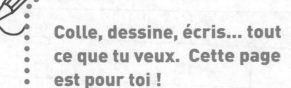

Colle, dessine, écris… tout ce que tu veux. Cette page est pour toi !

6 Activités

1 **A.** Complète ce texte avec le passé composé des verbes ci-dessous.

Piste 16

prendre (2 fois)
visiter (2 fois)
gagner
continuer
commencer
aimer
passer
faire

Speaker : Chers amis , ici RADIO TOULOUSE LES JEUNES ! Nous sommes avec Simon. Simon est un jeune Québécois qui, avec trois autres de ses camarades, _____ (1) un voyage en France lors d'un concours. Bonsoir !

Simon : Bonsoir !

Speaker : Et alors, comment se passe ce voyage ? Vous m'avez expliqué que vous _____ (2) votre voyage à Paris, puis vous _____ (3) la Bretagne, ensuite, Strasbourg et les Alpes..

Simon : On _____ (4) vers Nice, là on _____ (5) un bateau et on est allés en Corse. On _____ (6) une semaine sur les plages, au soleil !

Speaker : Et après la Corse ?

Simon: De Corse on _____ (7) un avion pour aller à Toulouse, on _____ (8) des excursions en bus et on _____ (9) Carcassonne, et le viaduc de Millau.

Speaker : Et qu'est-ce qui vous a impressionné, qu'est-ce que vous _____ (10) le plus dans ce voyage ?

Simon : Moi, personnellement, le viaduc de Millau. Super !

Speaker : Vous faites vraiment le tour de France ! Quelles sont vos impressions !

Simon : Génial, un rêve !

B. Maintenant, écoute l'enregistrement (CD livre de l'élève, piste 43) et vérifie tes réponses.

2 Remplis le tableau : infinitif ou participe passé ?

gagné eu duré durer vu mangé découvert voir avoir découvrir voyager manger gagner voyagé

INFINITIF

durer							

PARTICIPE PASSÉ

duré							

3 **A.** Dessine la carte de ton pays et marque les frontières, les montagnes, les mers, les fleuves et, s'il y en a, les îles importantes. Ensuite, complète la fiche ci-dessous.

Attention ! Pour savoir comment écrire ces noms en français, tu peux consulter Internet ou un dictionnaire bilingue.

MON PAYS : _____

Ses villes importantes : _____
_____
_____

Ses montagnes : _____
_____
_____

Ses fleuves : _____
_____

Ses pays voisins...

-au nord : _____

-au sud : _____

-à l'est : _____

-à l'ouest : _____

Sa ou ses langue(s) : _____

Ses plat(s) typique(s) : _____
_____

N

E

B. Écris un petit texte pour présenter ton pays :

_____
_____
_____

4 **A.** Yoli et Chris ont passé un week-end dans une ville française. Regarde les dessins et réponds aux questions. Utilise les verbes entre parenthèses.

1. Dans quelle ville ont-ils passé le week-end ? (passer)
_____

2. Quels moyens de transport ont-ils utilisés ? (prendre)
_____

3. Qu'est-ce qu'ils ont fait pendant le week-end ?
(visiter, manger, dormir, voyager, voir, déjeuner)
_____
_____
_____
_____

B. Écris le message que Yoli a envoyé à son ami Damien pour lui raconter son week-end.

Pour : damienjimelerap@mail.fr

Objet : Week end spécial

Salut Damien ! Chris et moi, nous avons passé un super week-end à _____ !
_____
_____
_____

5 Complète la grille et tu découvriras le nom d'un océan.

1. Capitale de la Polynésie française	
2. Île de la Polynésie française	
3. Pays frontalier avec la France	
4. Ville de Bretagne	
5. Montagne des Alpes	
6. Mer au sud-est de la France	
7. Fleuve au nord-est de la France	
8. Île des Antilles françaises	
9. Partie du Canada où on parle français	
10. Chaîne de montagnes au sud de la France	

Activités

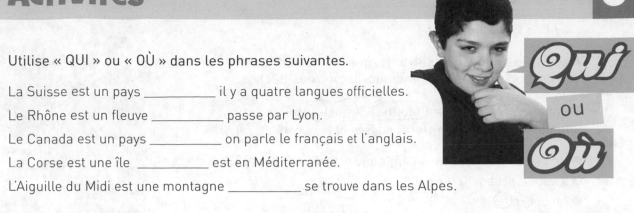

6 Utilise « QUI » ou « OÙ » dans les phrases suivantes.

La Suisse est un pays _____ il y a quatre langues officielles.

Le Rhône est un fleuve _____ passe par Lyon.

Le Canada est un pays _____ on parle le français et l'anglais.

La Corse est une île _____ est en Méditerranée.

L'Aiguille du Midi est une montagne _____ se trouve dans les Alpes.

7 **A.** Classe les moyens de transport.

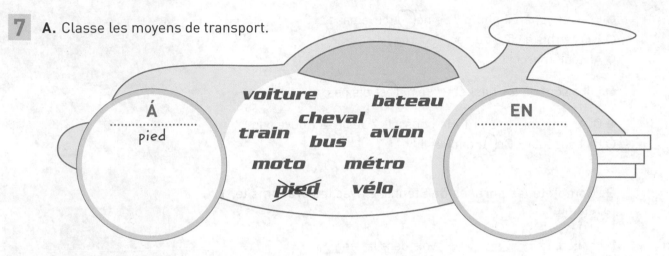

À .... pied

voiture bateau
cheval avion
train bus
moto métro
~~pied~~ vélo

EN ....

B. Réponds aux questions suivantes :

Comment tu vas à l'école ? _____

Et au supermarché ? _____

Comment peut-on se déplacer dans une ville ? _____

Comment peut-on aller de Berlin à Paris ? _____

Et de Paris à Tokyo ? _____

8 Complète les phrases avec les verbes corrects.
Tu peux t'aider de ton livre (activité 3, page 86).

est (3 fois)	a (1 fois)	trouve (1 fois)
sont (1 fois)	fait (1 fois)	

L'Alsace _____ une région située au nord-est de la France, frontalière avec l'Allemagne et la Suisse, séparées par le Rhin.

Elle _____ 8 280 km².

Strasbourg _____ sa capitale. Elle _____ 272 800 habitants. C'_____ aussi une capitale européenne : on y _____ le Parlement européen.

D'autres villes alsaciennes importantes _____ Mulhouse et Colmar .

9 **A.** Dans les dialogues suivants, quel est le nom qui correspond au pronom ? Indique-le avec des flèches.

Piste 17

Stéphane : Tu as vu mes lunettes ? Je ne les trouve pas !
Sophie : Non, mais peut-être elles sont là, à côté de l'anorak !

● Où est-ce que tu as mis l'antimoustique ?
○ Il est là, devant la tente !
● Ah oui, je le vois !

● Et mon appareil photo ? Je ne le trouve pas !
○ Tu l'as mis à côté du sac, regarde !
● Ah, oui, merci !

● Elles sont où les baskets ? Je ne les vois pas.

● Où est-ce que tu as mis la boussole ? Je ne la trouve pas !
○ La boussole ? On l'a oubliée !

B. Complète les phrases de Stéphane avec les pronoms le, la, l' et les.

Le ballon, je _____ vois dans la tente.

Le trivial, je _____ ai mis à côté de l'anorak.

Où est ma casquette ? Je ne _____ trouve pas !

Le sac de couchage et mon mp3, je ne sais pas où je _____ ai rangés !

Et mes lunettes ? Je ne sais pas où je _____ ai mises !

10 Écoute ces personnes qui parlent de leurs vacances. Puis, imagine la carte postale que Denis a écrit à ses parents.

Piste 18

Thuin, le 14 juillet

_____
_____
_____
_____
_____
_____
_____
_____
_____

BELGIË·BELGIQUE

7

M et Mme Fabre

7, Place Jean Jaurès

34000 Montpellier

France

Activités

6

11 Classe les mots dans la boîte qui convient.
Écris six phrases avec le verbe aller.
À chaque fois, tu devras utiliser
une préposition différente.

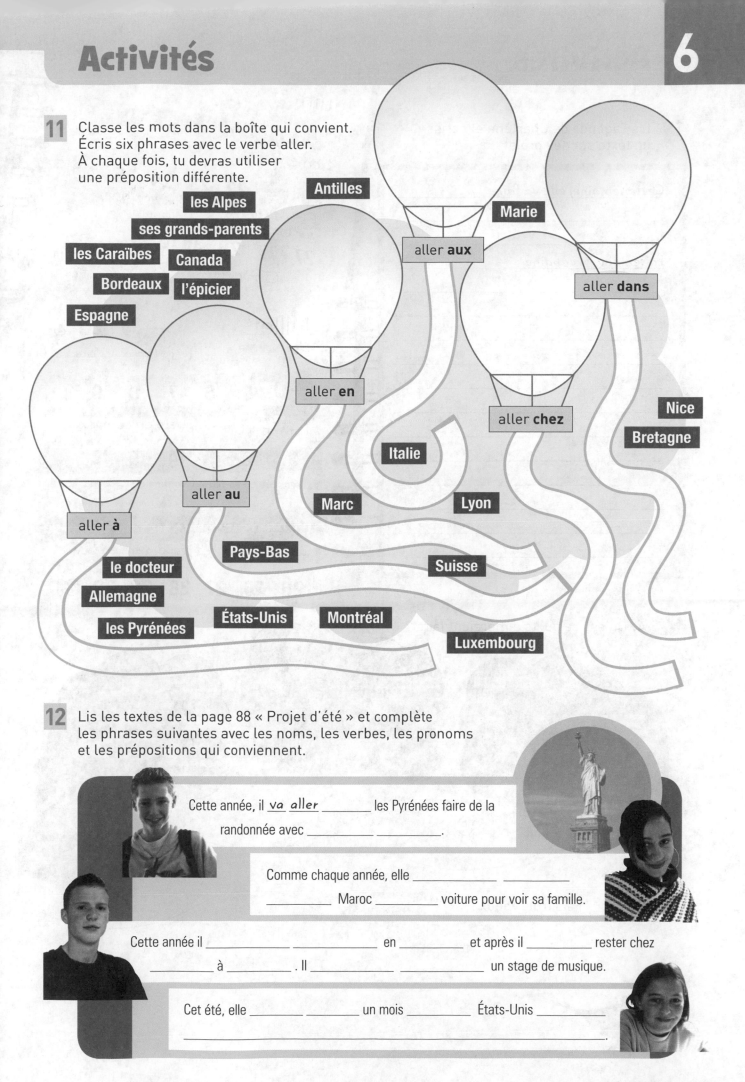

les Alpes

ses grands-parents

les Caraïbes   Canada

Bordeaux   l'épicier

Espagne

Antilles

aller **aux**

Marie

aller **dans**

aller **en**

Nice

Bretagne

aller **chez**

Italie

aller **au**

Marc   Lyon

aller **à**

Pays-Bas

le docteur   Suisse

Allemagne

les Pyrénées   États-Unis   Montréal

Luxembourg

12 Lis les textes de la page 88 « Projet d'été » et complète
les phrases suivantes avec les noms, les verbes, les pronoms
et les prépositions qui conviennent.

Cette année, il _va aller_ _____ les Pyrénées faire de la
randonnée avec _____ _____ .

Comme chaque année, elle _____ _____
_____ Maroc _____ voiture pour voir sa famille.

Cette année il _____ _____ en _____ et après il _____ rester chez
_____ à _____ . Il _____ _____ un stage de musique.

Cet été, elle _____ _____ un mois _____ États-Unis _____
_____ .

soixante et onze **71**

13 Lis l'agenda de Charlène et écris un texte sur ses projets.

Cette semaine, elle va faire _____

_____

La semaine prochaine, _____

Juin

13 14 15 16 17 18 19

examens

20 21 22 23 24 25 26
Fête de la Musique. Concert sur la place : Lezmorduzdurap

27 28 29 30
Championnat de gym

Juillet   1 2 3

fin de l'année scolaire !

4 5 6 7 8 9 10

les vacances commencent !   camp-vélo en camargue

11 12 13 14 15 16 17

vacances en famille. Camping en Espagne

18 19 20 21 22 23 24

une semaine chez grand-mère en Savoie

25 26 27 28 29 30 31

14 **A.** Qu'est-ce qu'ils aimeraient faire ?

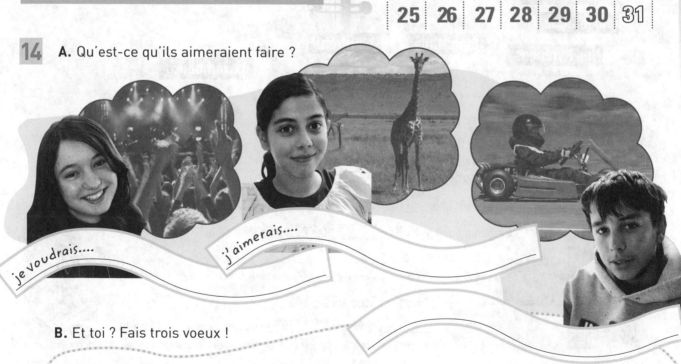

je voudrais.....

j'aimerais.....

B. Et toi ? Fais trois voeux !

La grammaire, c'est facile !

6

1 Cherche dans ton livre cinq phrases pour chaque temps du tableau, sans répéter les verbes. À côté de chaque phrase, écris son infinitif et souligne-le :

en (vert), si c'est un verbe régulier

en (bleu), si c'est un verbe irrégulier

Présent	infinitif	Passé composé	infinitif
J'(ai) douze ans	(AVOIR)	Nous avons (gagné) un concours	(GAGNER)

2 Fais deux listes : les verbes qui, dans ton livre, se conjuguent avec « avoir » au passé composé et ceux qui le font avec « être ».

AVOIR

ÊTRE

3 Est-ce qu'il y a des participes irréguliers ? lesquels ?

_____

_____

_____

6 Mot à mot

1 **A.** Cette année, Alain fait du camping en montagne avec sa famille. Voici le paysage qu'ils découvrent quand ils arrivent. Dessine-le et colorie-le.

B. À toi ! Dessine un paysage et fais sa description.

Il y a une grande chaîne de montagnes **au loin**. C'est l'été, mais il y a encore de la neige **sur** les montagnes. Il fait très beau. **À droite**, un grand soleil brille. Le camping est **à gauche**, il y a des arbres **devant** l'entrée et des fleurs **sous** les arbres. **À côté du** camping, il y a deux voitures et une moto.

Dans le camping, on voit cinq tentes (trois grandes et deux petites). Le village n'est pas loin : **à droite**, on peut voir des maisons. **Derrière** les maisons, **entre** le village et la montagne, il y a une forêt. Un avion passe **dans** le ciel **à gauche**.

2 Quels sont ces moyens de transport ? Écris la réponse à chaque énigme et associe-les aux dessins.

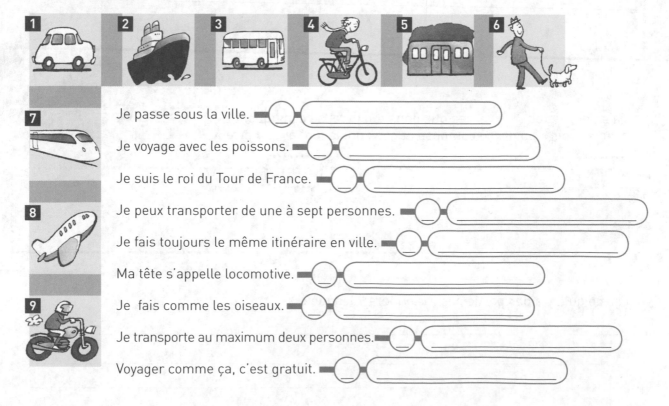

Je passe sous la ville. ━○

Je voyage avec les poissons. ━○

Je suis le roi du Tour de France. ━○

Je peux transporter de une à sept personnes. ━○

Je fais toujours le même itinéraire en ville. ━○

Ma tête s'appelle locomotive. ━○

Je fais comme les oiseaux. ━○

Je transporte au maximum deux personnes. ━○

Voyager comme ça, c'est gratuit. ━○

Connecte-toi

6

1 Réponds aux questions !
Tu trouveras les réponses en cliquant sur
les pages suivantes :

http://www.tahiti-tourisme.pf

? Combien d'îles y a-t-il dans
la Polynésie française ?

_____

? Combien d'heures dure
le voyage en avion
de Francfort à Tahiti ?

_____

? Combien de kilomètres y a-t-il
entre Tahiti et Los Angeles ?

_____

? Comment s'appelle l'île où a
vécu le peintre Paul Gauguin ?

_____

? Combien de volcans y a-t-il
à Tahiti ?

_____

http://www.lesilesdeguadaloupe.com

? Dans quel océan sont situées
les îles de Guadeloupe ?

_____

? Grande-Terre, Basse-Terre,
les Saintes, Saint-Martin,
Saint Barthélemy sont des noms
d'îles de Guadeloupe.
Il en manque deux, lesquelles ?

_____

? Dans quelle île se trouve
la ville de Pointe-à-Pitre ?

_____

? Quel temps fait-il à Pointe-à-Pitre ?

_____

_____

? Indique trois sports qu'on
peut pratiquer dans
les îles de Guadeloupe.

_____

Tu voudrais aller en Guadeloupe ? Où exactement ?
Qu'est-ce que tu voudrais voir ou faire exactement ?

1 _____

2 _____

1 J'aime apprendre des langues étrangères parce que...

2 Activités que je fais dans une langue étrangère.

O = jamais	
X = parfois	
X X = souvent	
X X X = très souvent	

Écouter des chansons (anglais X X X) (espagnol O) (français X)

Regarder des films
Lire des journaux
Lire des revues
Écouter des chansons
Chanter des chansons
Écrire des lettres
Lire des livres
Écrire des courriels
Regarder des émissions à la télévision
Regarder des clips
Jouer à des jeux vidéo
Voyager
Aller en colonie de vacances
Participer à des échanges scolaires
Parler avec des amis
Présenter des exposés en classe
...
...

3 Le français, qu'est-ce que c'est pour toi ?
Réponds avec un collage, un dessin, un petit texte....

Transcription des enregistrements

Transcription des enregistrements

UNITÉ 1

Piste 1 - Activité 1A
Situation 1
● Buon giorno Barbara, come estai?
○ Ciao bene , grazie. Tu come stai?
● Bene
Situation 2
● Bonjour Alice ! Comment ça va ?
○ Bien, merci ! Et toi ?
● Ça va !
Situation 3
● Halo, Jutta, wie geht's ?
○ danke gut. Und dir ?
● gut, danke

Piste 2 - Activité 1B
Situation 1
● Bonjour Monsieur Bertrand, comment allez-vous ?
○ Très bien, merci. Et vous Madame Bartoud ?
Situation 2
● Hello Mrs Robinson, how are you ?
○ Fine, and you ?
● Fine, thank you !
Situation 3
● ¡Hola! ¿Qué tal, Eva? ¿Cómo estás?
○ Muy bien, ¿y tú?
● Regular

Piste 3 - Activité 2
1. chaise ; 2. classeur ; 3. trousse ; 4. stylo ;
5. table ; 6. tableau

Piste 4 - Activité 3 B
Son [wa] : soir - moi - trois - toilettes - croissant - toi
Son [o] : à bientôt - stylo - tableau - chocolat - mot
      sac à dos - restaurant
Son [u] : jour - trousse - groupe - vous - nous - loup

Piste 5 - Activité 5
Français, belge, allemande, anglais, polonaise, grec,
portugais, italienne, irlandaise, suisse

Piste 6 - Activité 10 A
un, deux, quatre, six, sept, huit, neuf, onze, douze,
quatorze, quinze, seize, dix-huit, dix-neuf

Piste 7 - Activité 13
64 - 93 - 87 - 91 - 76 - 95 - 82 - 78 - 74 - 99 - 86 - 61

UNITÉ 2

Piste 8 - Activité 6
1) J'aime les arts plastiques.
2) Elles ont trois ans.
3) Ils écoutent les élèves.

4) Vous avez l'heure ?
5) Il y a des ordinateurs dans la classe.
6) Les amis de Coralie sont suisses.
7) Je n'aime pas les interros.
8) Nous avons musique le mercredi matin.

Piste 9 - Activité 10
Nous passons au mardi.
8 h 30 - 9 h 30 : maths, 9 h 30 - 10 h 30 : français,
10 h 30 - 11 h 30 : technologie , 11 h 30 - 12 h 30 :
anglais, 14 h - 15 h : géographie, 15 h - 16 h : E.P.S.
Bien, mercredi matin...

UNITÉ 3

Piste 10 - Activité 5B
Attention ! Les cinq frères Braquetout sont en ville.
Gustave Braquetout est recherché. C'est un homme
assez grand, roux. Il a les yeux bleus et une moustache.
Il porte des lunettes et un sac à dos avec dix mille
euros. Attention ! je répète, les cinq frères...

Piste 11 - Activité 16 A
0) vous-fou, 1) feu-veux, 2) faire-vert, 3) faux-veau
4) ville-fil, 5) font-vont, 6) vingt-fin, 7) vache-fâche
8) voi-foire, 9) va-fa, 10) folle-vol

UNITÉ 4

Piste 12 - Activité 7
Situation 1
● Vendeuse : Vous désirez ?
○ Jeune fille : C'est bien aujourd'hui la Fête des Mères ?
● Eh bien, oui.
○ Alors... je voudrais un bouquet de fleurs.
● Vous voulez des roses ?
○ Oui...Combien elles coûtent ?
● Cinq euros le bouquet. Il y a dix roses.
○ Alors je veux un bouquet, s'il vous plaît...
Situation 2
● Jeune homme : Bonjour, je voudrais un jeans.
○ C'est pour vous ?
● Oui.
○ Alors... j'ai ce modèle à 60 euros par exemple.
● Euh...j'ai seulement 40 euros.
○ Alors, j'ai cet autre modèle... à trente euros.
● Et ce t-shirt, combien il coûte ?
○ 8 euros.
● Alors, je voudrais ce jeans à 30 euros et le t-shirt.
Je peux essayer ?
○ Bien sûr, allez-y !
● C'est bon, je prends le jeans et le t-shirt.
Situation 3
● Bonjour, vous désirez ?
○ Nous cherchons un cadeau pour notre père.
○ Nous avons 20 euros.

Transcription des enregistrements

● Votre père aime lire ? Pourquoi pas un livre ?
○ Ah oui, bonne idée !
● Et qu'est-ce qu'il aime lire ?
○ Les BD.
● Eh bien, nous avons la BD du mois : Le train d'Efa.
Il coûte 13 euros. Et vous pouvez aussi acheter
un stylo plume, ça vous fait 19 euros en tout.
○ Non merci, donnez-nous seulement la BD.

Piste 13 - Activité 8
0) du pain, 1) main, 2) an, 3) Anne, 4) Avignon, 5) copine,
6) copain, 7) Aline, 8) pantalon, 9) jamais, 10) bon
11) enfant, 12) mai, 13) mot, 14) il prend, 15) il va

UNITÉ 5

Piste 14 - Activité 4 A
Voici le programme pour ce week-end sur *Canalsport*.
Aujourd'hui, vendredi, vous pouvez voir à 20 h le match
de football Lyon- Manchester en direct de Lyon.
Et demain, samedi, à partir de 10 h, la grande finale de
ski : le slalom spécial à Chamonix. Dimanche, tennis
avec la Coupe Davis depuis la Suisse à 14 h demie finale
masculine. Nous avons aussi le Championnat du monde
de natation dimanche soir en direct depuis Montréal...
ensuite nous...

Piste 15 - Activité 16 B
1) Gilles, 2) légumes, 3) guitare, 4) Gustave, 5) Mongolie
6) girafe, 7) argent, 8) gourmand, 9) galette, 10) gens

UNITÉ 6

Piste 16 - Activité 1 B
● Speaker : Chers amis, ici, Radio Toulouse les jeunes,
nous sommes avec Simon. Simon est un jeune québécois qui, avec trois autres de ses camarades a gagné
un voyage en France lors d'un concours, bonsoir !
○ Simon : Bonsoir !
● Speaker : Et alors comment se passe ce voyage ?
Vous m'avez expliqué que vous avez commencé
votre voyage à Paris, puis vous avez visité la Bretagne,
et ensuite Strasbourg et les Alpes..
○ Simon : On a continué vers Nice, là on a pris un
bateau et on est allés en Corse. On a passé une
semaine sur les plages au soleil !
● Speaker : Et après la Corse ?
○ Simon : De Corse on a pris un avion pour aller à
Toulouse on a fait des excursions en bus et on a visité
Carcassonne, pis le viaduc de Millau.
● Speaker : Et qu'est-ce qui vous a impressionné,
qu'est-ce que vous avez aimé le plus dans ce voyage ?
○ Simon : moi personnellement, oh ! le viaduc de Millau !
Oh, c'est super !
● Speaker : Ah bien ! bien ! Vous faites vraiment le tour
de France ! Quelles sont vos impressions ?

○ Simon : C'est fantastique, on dirait qu'c'est comme
un rêve !

Piste 17 - Activité 9A
● Yannik : Vous avez vu mes lunettes ? Je ne les trouve pas !
○ Sophie : Non, peut-être qu'elles sont là, à côté de l'anorak !
● Yannik : Mais non, à côté de l'anorak il y a le trivial et
le mp3, mais pas les lunettes !
❑ Stéphane : Tu as regardé dans le sac à dos ? Il est là,
devant la tente...
● Yannik : Mais si, mais si, et elles ne sont pas là.
J'ai regardé dans tout le sac à dos, je te dis, les
lunettes ne sont pas là !
❑ Stéphane : Et sous le sac de couchage qui est aussi
devant la porte de la tente ?
● Yannick : Non, elles ne sont pas non plus sous le sac !
Devant la porte il y a aussi l'appareil photo... mais je
ne vois pas mes lunettes.
○ Sophie : Regarde, là, à côté de la tente ! Elles sont
peut-être là !
● Yannick : Ah, non, elles ne sont pas à côté de la tente !
À côté de la tente il y a le chocolat !
○ Sophie : Regarde donc de l'autre côté, à droite de la
porte, à côté des bottes !
● Yannick : À côte des bottes il y a l'antimoustique !
❑ Stéphane : Et dans la tente....
● Yannick : Dans la tente.... il y a le ballon... mais pas
mes lunettes !
○ Sophie : Regarde en haut tes baskets sont dans
l'arbre, peut-être que tes lunettes sont là !
● Yannick : Non, dans mon sac de couchage, non,
Ah ! mais je vois où elles sont ! Regarde là, là,
derrière l'arbre ! Le lapin !!!!

Piste 18 - Activité 10
● Et alors cette photo ? C'est toi et qui ?
○ C'est moi et Charlie. À Antibes. Dans un camping.
10 jours. Nous sommes arrivés le 17 juillet et nous
sommes rentrés le 27. On est allés à la plage, on a
fait de la voile, regarde cette photo, c'est moi sur le
bateau, et celle là, sur la plage...des vacances au
soleil, quoi !
● Là c'est moi, avec Jerôme et Vincent. Dans les Alpes.
Cet été on a fait quelque chose de différent. On est
allé dans les Alpes. Oui. Regarde là... eh... et ça ?
C'est la mer de glace, nous avons aussi fait de belles
visites. Nous avons pris le train qui arrive à la mer
de Glace, et le téléphérique pour voir le Montblanc....
le voilà ! Nous avons vu beaucoup de choses. C'est
super, super bien ! Regarde ici, Jerôme fait du ski de
fond en t-shirt !
○ Et toi, Denis ? C'est où ça ?
❑ C'est en Belgique. Nous, on est allés en Belgique, en
Wallonie, à Thuin, regardez la photo... nous avons passé
15 jours en Wallonie. Dans les petits villages. En camping,
regarde, là, c'est notre tente. Nous avons fait des
promenades à pied et à vélo... On, on a ri, on était en pleine
nature ! Regarde, j'ai beaucoup aimé, c'était super !